Cliff Jacobson

Solo im Kanu

OUTDOOR ☞ HANDBUCH

Alle Informationen, schriftlich und zeichnerisch, wurden nach bestem Wissen und Gewissen zusammengestellt.

Der Autor ist für Lesertips, Hinweise und Verbesserungsvorschläge an den Verlag dankbar. Leser, deren Einsendung verwertet wird, werden in der nächsten Ausgabe genannt und erhalten als Dank ein Belegexemplar der neuen Auflage.

Text	Cliff Jacobson
Illustrationen	Cliff Moen
Übersetzung	Sue Legahn
Titelfoto	Conrad Stein
Lektorat	Anke Münzenberg
Litho	Brandner GmbH
Gesamtherstellung	Nieswand-Druck GmbH

Titel der amerikanischen Originalausgabe:
Solo Canoeing, erschienen bei ICS Books, Inc., Merrillville, USA, in der Reihe *The Basic Essentials*.

Gedruckt auf chlorfrei gebleichtem schwedischem Munkenelk-Papier.

ISBN 3-89392-100-1   DM 12,80

Inhalt

Vorwort

Zu meinem 19. Geburtstag bekam ich von meinem Vater einen alten, gebrauchten, aber hervorragend erhaltenen, perlweißen 57er Plymouth. Er hatte Doppelscheinwerfer, Weißwandreifen, ein Radio mit Tastenbedienung und zwei furchterregende Heckflossen. Ich habe nie gezeigt, wie sehr ich dieses Auto haßte.

Drei Monate später ersetzte ich den Plymouth durch einen Vintage MG, eine echte "Maschine", deren Motor ein heiseres Röhren von sich gab. Mein Vater war nicht sehr beeindruckt; er nannte den MG ein "Egoisten-Auto": "Kein Platz, um Freunde mitzunehmen!" schimpfte er. Wie dem auch sei, es machte mir Spaß, mit dem Auto zu fahren. Grund genug für mich, es zu kaufen.

Wenig später entdeckte ich mein Interesse an Kanus. Ich krönte mein Hobby mit flotten, geschmeidigen Cruisers, Kunstwerken aus Fiberglas, Kevlar und poliertem Holz. Mein Vater konnte meine Vorliebe für Sportwagen zwar nie verstehen, aber Kanus schätzte er selbst sehr. Leider hatte er nie die Möglichkeit, in einem Einerkanu zu fahren. Ich glaube aber, er hätte diese "Egoisten-Boote" gemocht.

Was hat es nun mit dem neu erweckten Interesse an Einerkanus auf sich? Neu erweckt deshalb, weil Einmannboote keine vor kurzem gemachte Erfindung sind wie aus den Geschichtsbüchern deutlich wird. Die Rindenkanus der Indianer waren fast immer klein, d.h. ca. 4,50 m lang und meist für eine Person gedacht. Auch das Eskimo-Kajak ist ein Einmannboot, wenn auch gelegentlich auf kurzen Fahrten die Kinder mitgenommen werden. Sicher, es hat auch immer große Kriegskanus, Umiaks und Bullschiffe gegeben, aber im allgemeinen zogen unsere primitiven Vorfahren den Einer vor.

Im späten 19. Jahrhundert entdeckten die Amerikaner ihre Liebe zu den Kanus. Große Boote galten als Arbeitsgeräte, kleine dienten dem Vergnügen. Erst in unserem Zeitalter erlangten gemeinsame Unternehmungen wieder einen höheren Freizeitwert als Alleingänge.

Aber auch das ist mittlerweile ein alter Hut; zur Zeit wird von neuem die Begeisterung für das Einerkanu entdeckt - nicht zuletzt deshalb, weil der Kanute je nach Laune den Zeitpunkt und das Ziel selbst bestimmen kann, ohne Rücksicht auf Mitpaddler mit möglicherweise anderen Vorstellungen nehmen zu müssen.

Überall dort, wo genug Wasser für ein Modellsegelschiff vorhanden ist, kann auch ein Einerkanu fahren. Es muß nicht unbedingt ein reißender Fluß, ein klassifiziertes Wildwasser oder eine endlose Wasserwüste vorhanden sein, um Spaß haben zu können. Was am Einerkanufahren so sehr reizt, ist die vollkommene Unabhängigkeit.

Wie ein gelbes Blatt im Herbst

Ich machte meine Bekanntschaft mit dem Einerkanu auf einem stillen Fluß im Herzen von Minnesota im Jahre 1973, lange Zeit bevor diese Boote wieder populär wurden. Wenn man damals allein fahren wollte, suchte man sich ein besonders kleines, schmales Zweierboot mit einem Mittelsitz und Knieschonern und tat einfach so, als wäre es ein Einer. Wenn man ein echtes Einerkanu besitzen wollte, mußte man es sich selbst bauen, womöglich sogar selbst entwerfen.

So konstruierte ich mein erstes Einergefährt, ein Zedernholz-Boot nach Plänen der Minnesota Canoe Association und mit reichlicher Mithilfe meiner Freunde und besonders des bekannten Bootdesigners Bob Brown. Es war ein gemächliches Boot, hervorragend geeignet für die ruhigen Seen der Umgebung, aber zu leicht und zu langsam, um auf den großen Seen und rasch fließenden Flüssen zu paddeln, die mich reizten.

Also setzten wir uns noch einmal ans Reißbrett. Ein Einerkanu muß sich im Ruhezustand und beim Lehnen gegen die Bordwand stabil verhalten. Es sollte einigermaßen schnell sein und sich leicht paddeln lassen. Eine weitere Bedingung ist, daß es kleinere Stromschnellen und Wellen auch mit Campingzubehör für einen einwöchigen Trip beladen, problemlos meistert. Darüber hinaus sollte es natürlich Spaß machen, damit zu fahren. Was ich brauchte, war also ein kanadisches Wildnis-Wanderboot , der zuhause als sportliches Freizeitboot zu gebrauchen war. Nichts anderes würde mich zufriedenstellen.

Mittlerweile, nach zwanzig Jahren und Dutzenden von Prototypen, habe ich meinen "Alleskönner" immer noch nicht gefunden. Sie werden es selbst sehen, der Einerkanu-Virus setzt sich fest und infiziert auch Liebhaber des Zweiers nach und nach und macht sie zu Einer-Enthusiasten.

Allerdings soll das nicht heißen, daß die Einerkanus nur für Eigenbrötler geeignet sind. Vielmehr sind sie das ideale Fahrzeug für Naturliebhaber, die sich ganz der Schönheit der Natur hingeben möchten. Das Einerkanu ist wie geschaffen für Angler und Jäger, Fotografen, Ornithologen - für all diejenigen, die ein stabiles Boot benötigen, das sie zu den letzten freien, unentdeckten Orten bringt.

Es ist ein Fahrzeug, das man besonders schätzt, wenn man das Alleinsein genießen möchte - am Ende eines langen Arbeitstages oder eines Tages in der Abgeschiedenheit der Wildnis, wenn das letzte Licht des Tages verblaßt - das ist die Zeit um aufzubrechen, zum Angeln, zum Paddeln oder nur still dazusitzen.

Wenn es Ihnen nur auf Geschwindigkeit ankommt, brauchen Sie nicht weiterzulesen, denn das Einerkanu kann natürlich niemals so schnell sein wie ein Boot, das von mehreren Personen gefahren wird. Es ist eine einfache physikalische Binsenwahrheit, daß ein Gefährt umso schneller wird, je mehr Motoren laufen. Zwar strengt man sich allein besonders an, um das Tempo zu halten, aber zwei Paddler haben eben doppelt so viel Kraft. Dieses trifft natürlich nicht zu, wenn ein Boot überladen ist. Es ist nicht verwunderlich, daß die nach heutigem Standard unansehnlichen 10-Mann-Kanus der Seefahrer so schnell waren.

Natürlich sagen Zahlen nicht alles aus. Der Einerkanute muß auf die natürliche Symmetrie, die durch den zweiten Mann gewährleistet wird, verzichten und erreicht auch nicht den gleichmäßigen Schlag der Doppelpaddel beim Kajak. Dementsprechend ist das Einerkanu auf Zahmwasser und besonders bei Gegenwind dem Zweier deutlich unterlegen. Trotzdem muß man kein Marathon-Champion sein, um rasch voranzukommen und mit den begleitenden Zweierbooten mithalten zu können. Wenn Sie sich eingehender mit der traditionell kanadischen Fahrweise befassen, ist es leichter, das Einerfahren zu erlernen.

Mit einem Paddel von ca. 1,50 m macht man je drei bis vier Züge auf einer Seite, um Richtung und Geschwindigkeit zu halten. Harry Roberts zufolge, der sich an späterer Stelle noch äußern wird, kann auch ein blutiger Anfänger lange Strecken gut bewältigen, indem er das Boot durch Wechsel der Arbeitsseite auf Kurs hält. Der im Wildwasser unentbehrliche, traditionelle Grundschlag vorwärts ist auf langen Strecken viel zu anstrengend und ineffektiv.

Sind Sie erst einmal im Wildwasser, wird die Situation belebter: Es geht vor und zurück, Sie suchen Ihren Weg, ziehen kreuz und quer, um den richtigen Durchgang zu treffen, am Felsvorsprung vorbeizukommen oder den Wirbel zu passieren. Wenn Sie die Last der gesamten Campingausrüstung für eine Woche an Bord haben, bringt Sie jeder Schlag kaum 5 cm voran. Machen Sie Fehler und überschätzen Sie sich, müssen Sie die Folgen selbst tragen. Aber auch der Erfolg ist ungeteilt Ihrer!

Menschenfressende Brecher von vorn? Bleiben Sie ganz ruhig, Sie haben alles im Griff. Ihr kleines Boot macht, was Sie wollen, es gibt Ihrem leichten Seitendruck nach und gleitet willig zur Seite. Es reitet auf der höchsten Welle und durch die wildesten Schnellen wie ein gelbes Blatt im Herbst.

Die Form der Seitenwand erlaubt es Ihnen, daß Boot fast quer zu den größten Wellen zu bringen, Sie neigen den Rumpf etwas, um mehr Freibord zu gewinnen. Sobald Sie über den Kamm sind, reicht ein leichter Paddelschlag, um das Boot wieder in die Strömung zu bringen.

Ziehen Sie die Spritzdecke fest und stürzen Sie sich in den schlimmsten Wellengang. Der Bug verschwindet in der Gischt, na und? Unter der Nylonplane bleiben Sie trocken.

Da vorn, ein Felsen! Kräftig ziehen! Und noch einmal! Gleich anschließend ein diagonaler Zug nach achtern bringt Sie sacht ans Ufer oder trägt Sie in den Wirbel, wo Sie in Ruhe auf die Ankunft der Kameraden in den Zweierbooten warten können.

Geradeaus, wo das flache Wasser endet, verläuft zwischen Geröll und Felsen der Pfad zur nächsten Portage. Ob Ihre Kameraden in den sperrigen Zweiern wohl hierherkommen ohne anzustoßen, festzuhängen, auszusteigen, durchs Wasser zu waten und zu fluchen? Wohl nicht. Aber Sie!

50 m den Felsen hinauf beginnt der Pfad zum Umtragen. Aber um dorthin zu gelangen, müssen Sie über zur Hälfte mit Schlamm bedecktes Geröll und über Felsen klettern. Sie testen die Oberfläche des Schlammes mit dem Paddel, und das Blatt versinkt lautlos. Aber Sie haben noch Zeit, einen besseren Weg zu suchen, denn Ihre Kameraden kämpfen immer noch am Eingang des Kanals.

Zunächst das Kanu entladen. Sie schnappen sich den großen Rucksack und die beiden Paddel und machen sich vorsichtig auf den Weg zur nächsten Einsetzstelle. An einer kleinen Tanne legen Sie Ihr Gepäck ab und machen sich erleichtert auf den Rückweg zum Kanu.

Sie können die großen Boote schon in heilloser Verwirrung kommen sehen. Nun aber schnell, Sie wollen nicht, daß diese Ungeheuer Ihr kunstvoll gebautes Kanu zerquetschen.

Sie schwingen Ihren kleinen Tagesrucksack über die Schulter und tragen das Kanu an eine ebene Stelle. Dort setzen Sie es ab und bringen, falls vorhanden, das Tragejoch an. So können Sie Ihr Boot vernünftig transportieren. Die Felsen und der Schlamm sind nun hinter Ihnen, aber die anderen Kanus holen auf. Ihr Tempo wird schneller. Der Forstdienst hat an einigen Stellen Bootsablagen aus Holz aufgestellt, aber diese benötigen Sie nicht. Sie können den kleinen Rucksack und das 19 kg Boot leicht 1,5 km ohne abzusetzen tragen und die Entfernung schnell hinter sich bringen. Zu Beginn Ihrer Tour auf dem 15 km langen, bewegten See haben Sie sich ordentlich anstrengen müssen, um mitzuhalten, aber jetzt sind Sie ganz vorn, Ihre Stimmung ist unbeschwert, so daß Ihre "geselligeren" Freunde nur staunen können. Für Sie wird das Umtragen zu einem erfreulichen Erlebnis. Entspannen Sie sich durch die auf Sie einflutenden Sinneseinflüsse, eine Mischung aus sanften Tönen, dem saftig grünen Wald und der üppigen Vegetation. Für Ihre Kameraden hingegen ist das Umtragen nur ein schweißtreibendes Hindernis, das man verflucht und schnellstens hinter sich bringt.

Dies sind die Freuden des Einerkanufahrens; Freuden, die sich im Laufe der Jahre verstärken, wenn Sie merken, daß Kraft und Ausdauer nachlassen.

Personen von kleinerer Statur lernen die Vorzüge des Einerkanus rasch schätzen, denn sie wissen was es heißt, beim Umtragen immer der Letzte zu sein und ewig auf dem ungeliebten vorderen Sitz des Zweiers sitzen zu müssen.

Überall dort, wo Zweierkanus fahren können, sei es Wildwasser, stehendes Gewässer oder ein Fluß, kann sich auch der Einer fortbewegen. Vielleicht nicht immer ganz so schnell, aber dafür mit viel mehr Eleganz, Anmut und Leichtigkeit als irgendein anderes Wasserfahrzeug.

Einerkanus bieten Ihnen die größte Entscheidungsfreiheit!

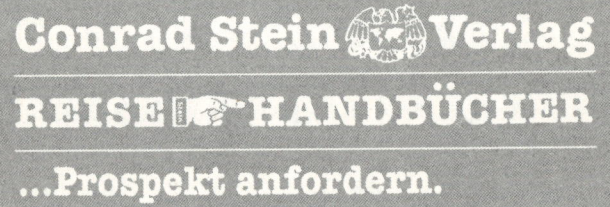

Auswahl eines Bootes

Für Wildwasserslaloms gibt es kurze, dicke Boote, für schnelles Fahren und Flußrennen lange, schlanke, darüber hinaus kompakte Sportboote für alle möglichen Spielereien, große Fahrzeuge für Wanderfahrten in der Wildnis, mit Rudern ausgestattete, geschlossene Modelle für Ozeanfahrten sowie Angelkanus. Dazwischen gibt es eine Reihe von Sonderformen mit unterschiedlichen Vorteilen, die aber immer auf Kosten der Vielseitigkeit gehen.

Rennkanus für stehende Gewässer

Die Länge dieser Boote beträgt ca. 5,10-5,40 m, die Dollbordweite ca. 60 cm, die Tiefe ca. 30 cm und das Gewicht liegt unter 14 kg. Die Bordwände sind deutlich nach innen geneigt (*Tumblehome*), um beim Paddeln nicht weit ausholen zu müssen. Der Kanute sitzt in einer tiefliegenden, verschiebbaren Sitzschale und hat die Füße fest gegen die Fußstütze gelehnt, die an den Rumpf genietet ist. Wettkampf-Rennboote bestehen ausschließlich aus Kevlar und geschlossenporigem Montageschaum oder einer exotischen Kombination dieser Materialien mit anderen High-Tech-Werkstoffen. In Ruhelage sind die Boote sehr stabil, aber in unruhigen Gewässern muß man sich auf das Fahren verstehen, um nicht aus dem Boot geworfen zu werden.

Flußrenner

Die Flußrenner sind den obengenannten Booten ähnlich, doch haben sie etwas höhere Bordwände (35-38 cm) gegen Spritzwasser. Dadurch ist das Boot zwar etwas seetauglicher, aber auch windempfindlicher. Die Stärke dieser Kanus und so ziemlich das einzige was sie können ist, wagemutig durch das Wildwasser zu jagen.

Geschlossene Wildwasserslalomkanus

Diese Kanuspielart gleicht den **Kajaks**, ist jedoch breiter und tiefer und der Kanute kniet auf einem angepaßten Kniekissen.

Warum sollten Sie ein geschlossenes Slalomkanu und kein Kajak wählen? Zum einen kommen Sie schneller heraus, wenn Sie kieloben im Wasser treiben, weil Sie nicht erst die ausgestreckten Beine aus dem schmalen Rumpf ziehen müssen. Wenn ein Kajak gegen einen Felsen schlägt und das Deck eingedrückt wird, kommt man gar nicht mehr heraus. Außerdem hat man in kniender Position im Wildwasser eine bessere Übersicht - ein Grund dafür, daß die Kajakfahrer den Kanuten gern auf langen Gefällstrecken hinterherfahren. Natürlich sind die Kanus viel langsamer als die Kajaks. Überdies ist das lange Knien auf die Dauer sehr anstrengend.

Offene Wildwasserfreizeitboote

Wenn man auf einfachen Wildwasserstrecken nur zum Vergnügen fährt, sind diese kleinen, offenen Kanus ideal. Da sie kein Deck haben, fällt man beim Kentern einfach hinaus - eine sehr sichere Methode.

Die Länge beträgt 4,20-4,70 m, die Tiefe 35-38 cm und die Breite ca. 75 cm. Als Baustoff wird Kevlar verwendet. Diese Boote haben meist vorn und achtern eine Traverse aber keinen Sitz. Sie bauen sich einen Schaumstoffsitz oder eine Sitzbank, Knieschoner und Fußstützen selbst ein. Kanus dieser Bauart sind schnell und wendig, aber, wie die geschlossenen Wildwasserkanus, nicht geeignet für lange, gerade Strecken.

Wanderkanus

Am ehesten wird den Wanderkanus die Beschreibung als "leistungsstarke Alleskönner" gerecht. Sie sind in stehenden Gewässern schnell, wenn auch nicht von atemberaubender Geschwindigkeit, man kann sie gut auf einem bewegten See oder auf gefährlichen Stromschnellen einsetzen sowie sie sich willig durch felsige Engpässe manövrieren lassen, vorausgesetzt, der Fahrer weiß, was er tut. Diese Boote sind ausgesprochen flink auf jedem Wasser und vertragen es gut, wenn man ihnen alles abfordert.

Es gibt verschiedene Konzepte, die die Geschwindigkeit, die Zuladung oder die Manövrierbarkeit bevorzugt berücksichtigen. Im allgemeinen lassen sich die superschnellen Sit'n'Switch-Boote am besten von einem niedrigen Sitz aus, in Rennposition mit einem kurzen Paddel fahren. Man steuert, indem man bei jedem dritten oder vierten Zug die Seite wechselt.

Darüber hinaus gibt es die Fernwanderboote mit großem Rahmen. Die Standardlänge bemißt sich auf ca. 4,65 m und die Weite am

Dollbord auf 70-75 cm. Der Boden dieser Boote ist leicht V-förmig oder flach gewölbt, mittschiffs haben sie einen leichten *Tumblehome* und sind vorn und achtern hochgezogen, was ihre Seetauglichkeit erhöht. Sie können ohne weiteres einen 90 kg schweren Kanuten samt Campingausrüstung für einen Monat aufnehmen.

Geschlossene Wanderkanus

Man nehme ein Seekajak, mache es etwas kürzer, dicker und tiefer, ziehe Bug und Heck etwas hoch (***Rocker***), schneide ein langes, offenes Cockpit hinein und schon hat man ein geschlossenes Wanderkanu.

Diese Kanus haben ein fußgesteuertes Ruder, einen höhenverstellbaren, verschiebbaren Sitz und einen umlaufenden Keder, der das Einziehen der Spritzdecke erlaubt. Vorteilhaft, verglichen mit einem Seekajak, ist die höhere Sitzposition, die größere Zulademöglichkeit und die bessere Manövrierbarkeit. Außerdem lassen sich diese Boote leichter transportieren, da man zum Über-Kopf-Tragen ein passendes **Joch** anbringen kann.

Trotz der ausgeklügelten Konstruktion aus Kevlar-Verbindungen sind die Kanus mit 20-30 kg relativ schwer, und es ist macht keinen "Spaß", sie fortzubewegen. Dafür sind sie sehr schnell und können noch in für offene Kanus zu rauhen Wasserverhältnissen fahren.

Gebrauchskanus

Diese Kanuvariante ist 86-91 cm breit, hat einen flachen Boden und liegt sehr stabil im Wasser, wenn Sie angeln oder fotografieren möchten. Meist sind diese Boote ca. 3,00-3,60 m lang und aus Fiberglas hergestellt. Gebrauchsboote sind langsam, laut, relativ leicht sowie billig. Als ein Beispiel wäre das *Scanoe* von Coleman anzuführen.

Was man bei der Wahl eines Einerkanus beachten sollte

Zunächst müssen Sie sich klar darüber sein, daß es zu allen folgenden Regeln Ausnahmen gibt. Kanukonstruktion und -design sind zu vielfältig, um an dieser Stelle auf alle Aspekte eingehen zu können. Wichtig ist in jedem Fall, ein Kanu vor dem Kauf Probe zu fahren.

▸ Je länger das Kanu ist, umso schneller ist es. Allerdings ist Geschwindigkeit nicht gleichzusetzen mit angenehmen Paddeleigenschaften. Sicher ist ein langes Kanu auf der Strecke flinker als ein kurzes, aber es bedarf auch größerer Kraft und Ausdauer, es fortzubewegen. Das sollten Sie beachten, wenn Sie kein Rennboot benötigen, sondern ein Boot, das sich gut handhaben läßt. Ein ca. 4,35 m langes Kanu ist optimal und kann sowohl in leichtem Wildwasser als auch für einfache Freistilmanöver eingesetzt werden.

▸ Ein echtes Einerkanu ist nicht breiter als 75 cm. Je schmaler es ist, umso weniger müssen Sie beim Paddeln ausholen.

▸ Für schnelle Strecken, die Sie sitzend bewältigen, benötigen Sie ein kurzes **Paddel**. Nicht bei allen Einerkanus haben Sie die Wahl, bequem sitzend oder kniend zu paddeln.

▸ Je leichter das Einerkanu ist, umso schneller beschleunigt es und umso spritziger verhält es sich. Ein leichtes, gut gebautes Wanderkanu wiegt unter 17 kg. Echte Einer, wenn sie nicht gerade im rauhesten Wildwasser eingesetzt werden sollen, wiegen kaum über 20 kg. Die superleichten, High-Tech-Boote aus **Kevlar** sind das Extrageld wert, das sie kosten. Vergleichen Sie nur ein 15 kg schweres Kanu aus diesem Material mit einem ebenso gebauten 20 kg schweren Boot aus **Fiberglas**, und Sie merken sogleich den Unterschied.

▸ Da Sie ein Einerkanu besser im Griff haben als einen Zweier, werden Sie seltener auf Felsen auflaufen. Wenn es doch passieren sollte, ist der Schaden meist geringer, da das kleinere Boot mit viel weniger Wucht aufprallt als der schwere Zweier. Daher kann ein Einerkanu aus leichterem Material hergestellt werden als die größere Bootsvariante und trotzdem unter gleichen Bedingungen ebenso stabil sein.

Wer also nicht ausgerechnet in die Arktis oder in extreme Wildwasser möchte, ist mit dem **leichtesten** Boot am besten beraten.

Ich habe mit Zedernholz-Kanus, die durch Fiberglas verstärkt wurden, tausende von Kilometern in der Wildnis Kanadas zurückgelegt und festgestellt, daß sie für solche Wanderungen robust genug sind.

▸ Das Einerkanu sollte das Gewicht seines Paddlers samt Gepäck ohne Schwierigkeiten aufnehmen können. Die meisten Anfänger suchen ein zu großes Boot aus. Erfahrene Paddler wählen aus den genannten Gründen das Boot so **klein** wie möglich.

▸ Als Anfänger sollten Sie auf den Rat der Experten hören, aber erst nachdem Sie mit den von ihnen vorgeschlagenen Kanus auch gefahren sind. Sportliches Geschick und physische Konstanten, wie die Verteilung des **Körpergewichts** und die **Körpergröße**, können so viel ausmachen, daß sich ein ansonsten fügsames Boot bei einem anderen Fahrer abweichend davon verhält. Ein Kanu muß auf seinen Fahrer abgestimmt sein, nicht auf irgendeinen Freund oder Fachmann.

Herrichten eines Kanus

Manche Leute glauben, Kanus kämen schon fertig aus der Fabrik. Wie oft hört man Paddler, die sich über die falsche Sitzhöhe oder die Position des Sitzes beschweren, aber selbst keinen Handschlag tun, um dieses zu ändern. Das gleiche gilt für glatte Böden, schlecht sitzende oder gar nicht vorhandene Joche und Löcher, die sich in der Auskleidung an den falschen Stellen befinden. Das Vorhandensein oder die Unterbringung gewisser Kanuteile ist keineswegs gottgewollt. Der Kanute muß alles, was ihm nicht hundertprozentig gefällt, entsprechend ändern.

Sitze

Es gibt kaum etwas Unbequemeres, als ein Kanu mit hoher Bordwand von einem niedrigen Sitz aus zu paddeln. Das Boot kann noch so schmal sein, zu paddeln, wenn einem das Dollbord unter der Achsel kneift, ist eine Erfahrung, auf die man verzichten kann.

Die Lösung ist einfach: Den Sitz pro Probefahrt um 1-2 cm anheben, bis er sich schließlich in der **höchstmöglichen bequemen Position** befindet. Also wundern Sie sich nicht, wenn der Sitz am Ende der Saison ganz oben am Dollbord hängt. Kompromisse sind nur angebracht bei Rennbooten oder den großen Wildwasser-Rümpfen.

Verschiebbare Sitze bedeuten extra Gewicht und höhere Kosten. Darüber hinaus sind sie sperrig, verringern die Beinfreiheit und sind nicht so stabil wie fest eingebaute Sitze. In einem Rennboot sind bewegliche Sitze angebracht, weil man die Sitzposition schnell verändern können muß, da dort kein Balast zum Trimmen vorhanden ist. Ansonsten sollte man sich immer für einen festen Sitz entscheiden und zum Ausbalancieren einen kleinen Rucksack oder eine Wasserflasche verwenden.

Tip: Sie knien bequemer, wenn die Vorderkante des Sitzes ca. 1,5 cm niedriger ist als die Hinterkante.

Knieschoner

Knieschoner sollten im Kanu angeklebt sein. Zu ihrer Herstellung schneiden Sie sich vier 25 x 30 cm große Rechtecke aus 1 cm starkem, geschlossenporigem EVA-Schaumstoff (Ethyl-Vinyl-Azetat). Aus diesem Material werden Isomatten hergestellt, die in allen

Campingfachgeschäften erhältlich sind. Kleben Sie je zwei Lagen aufeinander, so daß die Polster 2 cm dick sind. Den Klebstoff dabei mit einem Schaum-Lackpinsel auftragen. Wenn der Leim trocken ist, ein zweites Mal auftragen und die Rechtecke zusammenkleben. Anschließend die Ränder mit einer Klinge und einem scharfen Messer sauber in Form schneiden und mit einem Schwingschleifer und 60er Sandpapier abschmirgeln. Für ein optimales Aussehen können Sie abschließend die geschliffenen Kanten mit einem Bunsenbrenner leicht abflammen.

 In der **Bilge** den Schaumstoff dreifach verarbeiten, um die Rundung auszugleichen und als Sicherheitspolster, wenn Sie breitbeinig knien. Auf dem Boden verwendet man eine doppelte Lage. Alles Geklebte sollte auf der Unterseite sein, damit es nicht zu sehen ist.

Leinenlöcher an der Wasserlinie

Bei Bedarf können Sie an Ihrem Boot entweder ein Schleppgeschirr oder Leinenlöcher an der Wasserlinie anbringen. Wenn Sie sich für letzteres entscheiden, bohren Sie zunächst ca. 8 mm große Löcher durch den Rumpf und vergrößern diese von beiden Seiten mit einem ca. 1,2 cm Bohrer. Nun erweitern Sie die Löcher mit einer Rundfeile bis Sie einen PVC-Gartenschlauch von 1,3 cm Durchmesser durchstecken können. Das Schlauchstück passend abschneiden und mit Epoxy verkleben. Kanten glätten und mit Spraylack in der Farbe des Rumpfes besprühen. Das Loch ist kaum zu sehen und genauso stabil wie das Boot.

 Nicht gleich versuchen, 1,3 cm Löcher in einem Arbeitsgang zu bohren. Dabei splittert und reißt die Oberfläche. Besser ist in jedem Fall, mit einem kleinen Bohrer zu beginnen und das Loch dann mit der Feile zu vergrößern.

Halteschnüre an Decks und Traversen (Abb. 1, 2)

An einem Wanderkanu sollten in jedem Fall vorn und achtern Schleppleinen sein. Dafür reicht eine 7 mm starke Polypropylen-Schnur von ca. 6 m Länge.

Die Leinen sorgfältig aufrollen und mit einer, durch zwei Löcher geführten, elastischen Schnur an Deck sichern. Damit sind die Leinen auch beim Tragen und Kentern gesichert und man hat sie trotzdem sofort zur Hand.

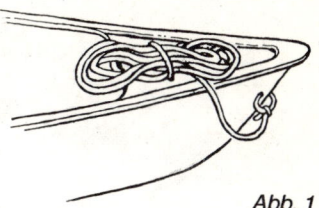

Abb. 1

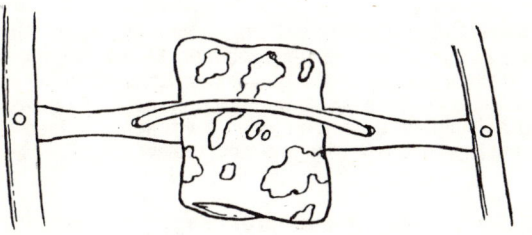

Abb. 2

 Kurze elastische Halteschnüre, die mit Hilfe von Löchern an den Traversen angebracht werden, eignen sich gut, um Landkarten und leichte Jacken etc. sicher zu befestigen.

Schwamm

Bei jedem Seitenwechsel des Paddels (*Hut*) spritzt etwas Wasser ins Boot. Spätestens nach einer Stunde brauchen Sie einen Schwamm. Am besten am Sitz zwei Schnurschlaufen anbringen, um ihn dort aufzubewahren.

Joch (Abb. 3)

Selbst zum kurzen Umtragen ist ein Joch erforderlich. Eschenholz ist besonders geeignet, hat aber für ein 17 kg schweres Einerkanu eigentlich zu viel Gewicht.

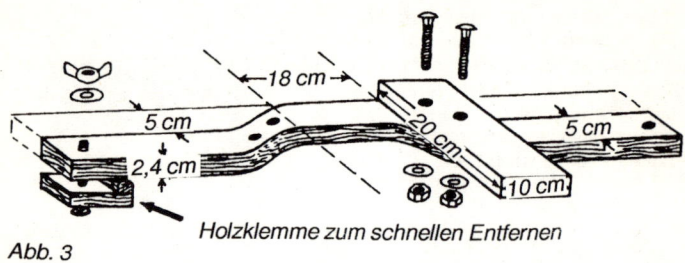

Holzklemme zum schnellen Entfernen

Abb. 3

Ich stelle meine Joche aus 2 cm starken Mahagoni-Platten her, nach den in der Abbildung angegebenen Maßen. Selbst bei ganz leichten Booten benötigen Sie gepolsterte Schulterstücke. Das Joch wird mit Holz- oder Metallklammern mit einer Flügelmutter am Dollbord befestigt. Am besten kleben Sie unter das Joch ein Stück Leder, damit es auf der Bootskante nicht rutscht oder diese zerkratzt.

Nylon-Spritzschutz

Die Spritzdecke hält Sie nicht nur im Regen und beim Befahren von Schnellen trocken, sondern vermindert überdies den Windwiderstand um fast die Hälfte. Nachdem ich jahrelang herumprobiert habe, benutze ich nun einen selbst entworfenen, zweiteiligen Spritzschutz. Der hintere Abschnitt geht von der hinteren Traverse bis zum Deck. Das vordere Stück überlappt das achtern etwas und ist mit Klettband daran befestigt, oder es kann vor dem Fahrer aufgerollt und befestigt oder, wie beim Tragen, hinter der Deckplatte angebracht werden. Um schnell freikommen zu können, hat die Schürze einen Schnellverschluß. Die gesamte Spritzdecke paßt aufgerollt in zwei Hände und wiegt weniger als 900 g.

Ausrüstung für Wildwasser

Wer sich ein regelrechtes Wildwasserkanu aussucht, benötigt einen Schaumstoff-Kniekissen, Knieschoner, Fußstützen, Schenkelgurte und Auftriebskörper. Die Einzelheiten dieser Ausrüstung darzustellen, würde jedoch den Rahmen dieses Buches sprengen.

Paddel, Schwimmweste und Zubehör

Eine qualitativ gute Ausrüstung ist nicht zu unterschätzen. So muß ein Paddel richtig in der Hand liegen, um einwandfrei zu funktionieren. Das gleiche gilt für Schwimmwesten, Rucksäcke und das übrige Paddelzubehör.

Zunächst sollten Sie Ihre Einkäufe langsam angehen lassen: Wenige, dafür aber gute Ausrüstungsgegenstände sind besser als ein Berg mittelmäßigen Plunders. Hören Sie auf die Experten, aber wählen Sie nach Ihren Bedürfnissen aus.

Auswahl des Paddels

Die in Deutschland gebräuchlichen Paddel sind **gerade**. Sie sind ganz besonders gut dafür geeignet, ein Kanu sehr präzise zu steuern, z. B. auf Wildwasserkursen oder auf Hinderniskursen in Zahmwasser.

Um absolute Höchstleistung und reibungsloses Eintauchen zu gewährleisten, haben einige Paddelblätter hydrodynamisch geschwungene Spitzen, mit denen das Wasser erfaßt und direkt in die wissenschaftlich durchgestylten Blätter gedrückt wird.

Einteilige Holzpaddel? Es gibt noch einige, hauptsächlich nostalgische Eschen-Biberschwanz-Paddel oder Kinderpaddel dieser Machart. Ansonsten sind Paddel inzwischen aus Leimholz, **Fiberglas**, Aluminium, Kohle-Kevlar, Schaumstoff sowie anderen synthetischen Materialien. Die neuartigen Paddel sind leichter, stabiler und besser in der Handhabung als alles, was die Indianer jemals hergestellt haben. Außerdem sehen sie schöner aus.

Größe des Paddels (Abb. 4)

Gesamtlänge

Vor zwei Jahrzehnten riet man Einerfahrern zu Paddeln, die bis in Augenhöhe reichten. Anfang der achtziger Jahre kam man darauf, daß die Rumpflänge des Paddlers (der Teil des Körpers oberhalb des Kanusitzes) ausschlaggebend sein soll. Plötzlich wurden die Regeln erneut verändert und es gilt nun: Zunächst das Kanu einsetzen und einsteigen. Dann die Entfernung vom Kinn (Höhe der oberen Griffhand) zum Wasser messen. Das ist dann die **Schaftlänge**.

Hinzukommt die Länge des Blattes, je nach Typ 50-63 cm. Dann hat man die korrekte Paddellänge.

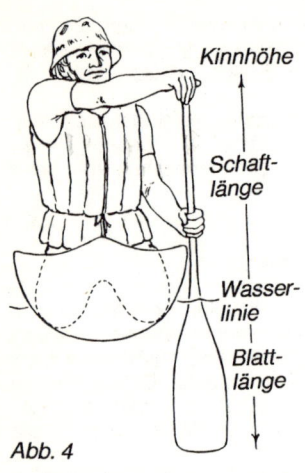

Kinnhöhe

*Schaft-
länge*

*Wasser-
linie*

*Blatt-
länge*

Abb. 4

Beachten Sie, daß die Gesamtlänge des Paddels weitgehend von der Länge des Blattes abhängig ist.

Um die Paddellänge ohne Kanu zu bestimmen, müssen Sie sich einen Bücherstapel von der Höhe des Kanusitzes bauen, sich darauf setzen und die Entfernung vom Kinn zum Boden messen. Dies wäre die richtige Schaftlänge, wenn das Kanu auf dem Wasser schwimmen würde. Sie müssen also nun noch den ungefähren Tiefgang des Kanus von der gemessenen Länge abziehen. Bei den meisten Einerkanus sind das 5-7 cm, bei den rundlicheren Wildwasserbooten vielleicht 2 cm weniger. Paddel für Wildwasser können etwas länger sein.

Darüber hinaus hängt die Paddellänge auch von der Methode des Fahrers ab. Zum raschen Vorankommen mit Seitenwechsel eignet sich ein kurzes Paddel, für enge, schnittige Kurven wählen Sie ein längeres.

Blattgröße

Für langsame Manöver sind große Blätter angebracht, kleine Blätter eignen sich für schnelles Paddeln mit Seitenwechsel.

Paddeltaschen

Für den Transport der teuren Paddel sollten Sie sich eine gepolsterte Paddeltasche anschaffen oder selbst eine herstellen.

Schwimmwesten

Sicherheitsgeprüfte Schwimmwesten sollten folgende Punkte erfüllen:

Auftrieb

Weste an den Schultern hochziehen bis das Material unter den Achseln drückt. Damit simulieren Sie ungefähr die Situation im Wasser. Jetzt den Kopf drehen. Dabei sollten Sie über die Schulter und nicht nur den Stoff, der diese bedeckt, sehen können. Wenn der Ausschnitt der Weste unter dem Kinn kneift, suchen Sie weiter nach einer geeigneten!

Armfreiheit

Erst einmal hinsetzen, denn dieser Test funktioniert nicht im Stehen oder Knien. Jetzt kräftig mit den Armen rudern. Westen, die dabei unter den Armen drücken, aussortieren!

Flexibilität

Arme seitwärts in Brusthöhe ausstrecken, dann so dicht wie möglich an den Körper legen. Wölbt sich die Weste dabei vorn und ist die Armfreiheit eingeschränkt? Nicht kaufen!

 Es sollte eine Selbstverständlichkeit sein, daß die Schwimmweste immer angelegt wird!

Packtaschen an den Traversen

Praktische Taschen können Sie an den Traversen oder am Kanusitz anbringen, um dort schnell zu erreichende Ausrüstungsgegenstände wie Kamera, Insektenmittel u.a. unterzubringen. Es gibt Taschen mit Klettverschluß, Reißverschluß oder Schnallen. Am besten sind die Verschlüsse, die man mit einer Hand öffnen kann.

Tagesrucksack

Um allerlei Kleinigkeiten, wie Regenzeug, Pullover, Karten, Erste-Hilfe-Kasten usw., zu transportieren, benötigen Sie einen Tagesrucksack. Dafür eignet sich jeder kleine Rucksack ohne Gestell.

Die Kunst des Paddelns

Nur sehr selten habe ich das Vergnügen, in meinem Zweier mit einem Kameraden zu paddeln, der auch ein guter Einerfahrer ist. Ich sage "Vergnügen", weil das Können eines Einerfahrers sich auch im Zweier sehr positiv bemerkbar macht. Meiner Meinung nach besteht der beste Weg, ein guter Tandemfahrer zu werden, darin, oft allein zu paddeln.

In diesem Kapitel möchte ich auf diejenigen Paddelschläge eingehen, die nur im Einer angewandt werden. Allerdings sollten Sie sich den Spaß am Einerkanufahren nicht durch einige frustrierende Erlebnisse beim Lernen verderben lassen. Wie beim Schlittschuhfahren und Wasserskilaufen gehört auch hier "Reinfallen" zum Übungsprogramm.

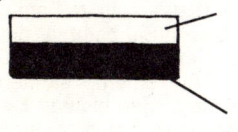

a) Aktive Blattfläche beim Vorwärtspaddeln

b) Nicht aktive Blattfläche (Rückseite beim Vorwärtspaddeln)

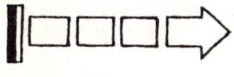

c) Richtung des Schlags

d) Bewegungsrichtung des Kanus

Abb. 5: In diesem OutdoorHandbuch verwandte Symbole

Lesen Sie alles genau durch, dann üben Sie. Schauen Sie erfahrenen Paddlern zu. Treten Sie einem Kanu-Club bei und nehmen Sie an Veranstaltungen auf dem Wasser teil. Es wird nicht lange dauern, dann beherrschen Sie die von Harry Roberts und Charlie Wilson beschriebenen Manöver. Beim Lernen werden Sie noch jede Menge Spaß haben!

Erster Übungspunkt ist das Geradeaus Fahren. Sie können entweder den Grundschlag vorwärts, die Seitenwechsel-Methode oder eine Mischung aus beiden anwenden. Ein guter Einerfahrer beherrscht beide Verfahren gleich gut.

Grundschlag vorwärts (Abb. 6)

Werkzeug
Zum Üben eignet sich ein relativ langes (1,40-1,50 m), gerades Paddel. Die Blattecken sollten abgerundet, die Kanten hauchdünn geschliffen sein.

Vorgehen
Für den Grundschlag vorwärts holen Sie zunächst - so weit, wie Sie bequem reichen können - aus, mit der aktiven Blattfläche im 30-45 Grad Winkel zum Kanu. Ziehen Sie jetzt das Blatt kräftig im Bogen heran und lassen Sie es unter der Bilge einen leichten Bogen beschreiben. Mit einem sanften Schwung nach außen bleiben Sie auf Kurs. Der ganze Schlag ist eine einzige, flüssige Bewegung. Wenn er richtig ausgeführt wird, weicht der Bug kaum von der Geradeaus-Richtung ab.

Abb. 6

Vor Beginn des Schlags den **Daumen** der oberen Hand nach unten und weg vom Körper drehen. Verstärken Sie die Neigung des Blattes und die Abwärtsneigung des Daumens, während Sie das Paddel durchs Wasser ziehen. Am Ende des Schlags sollte der Daumen der oberen Hand nach unten zeigen, um den letzten Schwung nach außen zu steuern. Sehr gute Freistilfahrer halten den Griff des Paddels angewinkelt, um die Bewegung flüssiger zu machen.

Üben Sie die Technik des Daumens, während Sie die Blattneigung allmählich vergrößern und schon läuft alles wie erwünscht. Wenn das Kanu sanft geradeaus gleitet, machen Sie es richtig.

Hut-Schlag oder *Minnesota Switch*

Um ihr Rennkanu auf Kurs zu halten, entwickelten zwei Kanuten aus Minnesota, Tom Estes und Eugene Jensen in den 40er Jahren ein besonderes Verfahren. Dabei ruft der Heckfahrer nach 5-6 Schlägen "Hut" und beide Paddler wechseln die Seite. Damit war der kräftezehrende J-Schlag (Wildwasser-Steuerschlag) zum Korrigieren der Richtung überflüssig geworden. Im Laufe der Jahre ist dieser *Hut*-Schlag oder *Minnesota Switch* immer beliebter geworden, und fast alle Rennpaddler benutzen ihn heute.

Ein Kanute der alten Schule würde diesen Schlag allein deswegen ablehnen, weil das Kanu dabei nicht pfeilgerade fährt. Dennoch ist er sehr effektiv, besonders dann, wenn man rasch über einen offenen, bewegten See gelangen möchte.

Werkzeug
Für diesen Schlag benötigen Sie ein kurzes (1,30-1,37 m), sehr leichtes Paddel. Viele Fahrer benutzen im Einer ein 3-5 cm längeres Paddel als im Zweier.
Im übernächsten Kapitel erklärt Harry Roberts die Tricks des Seitenwechsels.

Vorgehen
Man sitzt tief im Kanu, die Füße ruhen fest auf den Fußstützen, die für diesen Schlag sehr wünschenswert sind. Sobald das Kanu vom Kurs abweicht, Seiten wechseln. Für die meisten Einerkanus reichen 2-3 Schläge pro Seite. Bei einem geübten Wechsel verlieren Sie nur Bruchteile von Sekunden. Wenn Sie sich allerdings in starker Strömung ungeschickt anstellen, können Sie unter Umständen kentern.

Slalom-Steuerschlag

Mit Hilfe dieser Technik können Sie das Einerkanu wieder geradeaus richten. Abgesehen davon, daß Sie etwas mehr Krafteinsatz benötigen und am Ende des Schlages eine kurze Verzögerung stattfindet, entspricht er genau dem vorher beschriebenen Grundschlag vorwärts.

Im Wildwasser stemmen die Kanuten routinemäßig den Paddelschaft gegen das Dollbord, um das Kanu gerade zu richten; Freistilpaddler würden ihr teures Gerät allerdings nie auf diese Weise mißbrauchen.

Bogenschläge (Abb. 7)

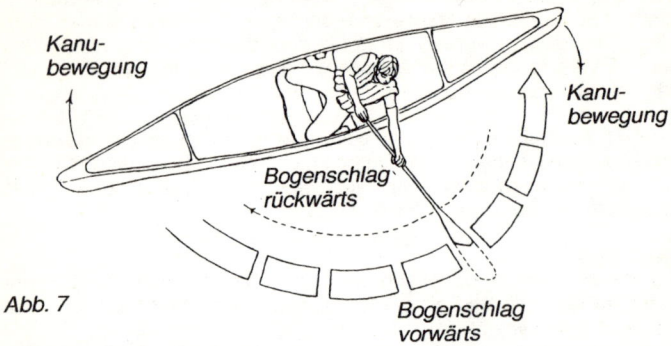

Kanu-
bewegung

Kanu-
bewegung

Bogenschlag
rückwärts

Abb. 7

Bogenschlag
vorwärts

Durch die Anwendung des **Bogenschlags vorwärts** vollzieht Ihr Kanu eine sanfte Drehung zur Gegenseite. Mit dem gleichen Schlag **rückwärts** drehen Sie anders herum. Für schnellere Drehungen müssen Sie den Ziehschlag vorne beherrschen und den Konterschlag.

Ziehschläge

Abb. 8

Ziehschlag vorne (Abb. 8)

Im Grunde ist dieser Schlag der erste Teil des Grundschlages vorwärts, allerdings etwas weiter ausholend und weiter vorn beginnend.

Der Ziehschlag vorne ist der Schlag, mit dem man das Kanu am schnellsten und kraftvollsten zur Paddel- oder Zugseite wendet. In starker Strömung bremst dieser Schlag, stabilisiert und dreht das Kanu gleichzeitig. Wenn Sie sich dabei zusätzlich zur Paddelseite lehnen, können Sie die Schultern mit einsetzen.

Die stabilisierende Funktion des Paddels bei diesem Zug verhindert, daß das Boot kentert.

Wie der Grundschlag vorwärts benötigt auch der Ziehschlag vorne einige Übung. Besonders die ungewohnte Haltung der oberen Hand, bei der das Handgelenk so gedreht ist, daß der Daumen nach unten zeigt - die aktive Blattfläche ist dem Kanu zugekehrt - bedarf der Anpassung. Sie müssen hierbei den oberen Arm weit weg vom Körper und die Hand ganz oben am Griff halten, dann klappt der Schlag von ganz allein.

Ziehschlag Mitte (Abb. 9)
Der Ziehschlag Mitte wird angewandt, um das Kanu seitlich zum Paddel hinzuziehen.

Abb. 9

Vorgehen: Soweit wie möglich vom Dollbord ausholen. Die obere Hand sehr hoch, aber vor dem Körper halten. Dies ist sehr wichtig, da Sie, falls Ihr Paddel gegen einen Felsen trifft oder von der Strömung zurückgerissen wird, Gefahr laufen, sich die Schulter auszurenken. Das Paddel schnell und kraftvoll heranziehen. Sobald das Blatt nur noch 15 cm von der Bordwand entfernt ist, nach achtern aus dem Wasser ziehen und den Schlag wiederholen. Die Bewegung ist ähnlich wie beim normalen Vorwärtsschlag, nur eben seitwärts.

Führen Sie diesen Schlag in einem Zweier aus, können Sie sich darauf verlassen, daß der stabilisierende Effekt der Schläge ausreicht, die Gewichtsverlagerung zur Seite auszugleichen. In einem leichten Einer fehlt dieser Ausgleich; lehnen Sie sich deshalb nicht so weit über.

Dies gilt allerdings nur für ruhiges Wasser, in bewegtem Wasser müssen Sie das Gewicht verlagern, stabilisieren und durchziehen, je nachdem, wie es die Situation verlangt.

Konterschlag (Abb. 10)

Mit diesem kraftvollen Schlag können Sie am schnellsten von der Paddelseite weg drehen, besonders dann, wenn Sie Fahrt machen. Der Konterschlag, mit Kraft angewandt und durch eine starke Gewichtsverlagerung unterstützt, kann selbst ein Kanu mit durchgehendem Kiel blitzschnell drehen.

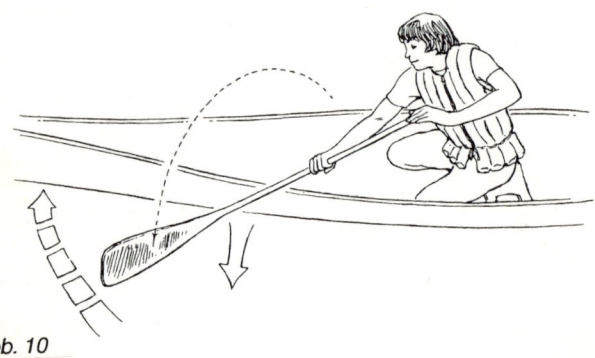

Abb. 10

Vorgehen
Aus der Fahrt heraus in der Taille drehen, Paddel auf die andere Seite des Boots schwingen und ziehen. Die zugreifende Hand am Paddelschaft dabei nicht verändern! Richten Sie das Paddel so weit nach vorn aus, daß es fast parallel zum Wasser ist. Dann das Wasser kräftig mit der aktiven Blattfläche unter das Boot drücken. Je weiter vorn Sie den Schlag ansetzen, um so größer ist die Hebelwirkung.

Druckschlag (Abb. 11)

Mit diesem Schlag bewegen Sie das Kanu seitwärts weg von der Paddelseite. Am besten wird diese Technik in bewegtem Wasser (hohen Wellen) angewandt, wenn nämlich Stabilität und Schnelligkeit bei der Seitwärtsbewegung erforderlich sind, ohne daß Sie das Paddel aus dem Wasser nehmen müssen.

Allerdings werden bei diesem Schlag Paddelschaft und Dollbord arg mitgenommen, so daß er von den meisten Einerfahrern gemieden wird. Die Alternative zu diesem Zug besteht darin, die Seiten zu wechseln und den Zieh- oder Konterschlag mit diagonaler Bewegung achtern anzuwenden. In bewegtem Wildwasser ist der Druckschlag allerdings nicht zu ersetzen. Ansonsten können Sie sich auch der Alternativschläge bedienen und schonen dadurch das Material.

Vorgehen
Beim Eintauchen des Paddels Körpergewicht im Mittelpunkt des Kanus konzentrieren, Blatt parallel zur Kiellinie stellen, so weit wie möglich unter das Boot. Jetzt das Paddel kraftvoll über die Bilge hebeln. Wenn es fast senkrecht ist, Schlag bremsen und den Paddelschaft um 90 Grad vom Körper weg drehen bis sich das Blatt vertikal zum Kanu, also in normaler Fahrtposition befindet. Erneut unter die Bilge eintauchen, Schaft in Ausgangsposition drehen und nochmals einen Druckschlag ausführen.

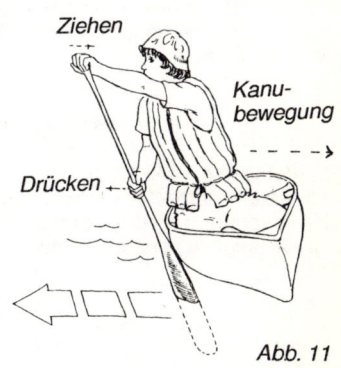

Abb. 11

Wriggen (Abb. 12)

In sehr flachem Wasser, wo Sie das Paddel schlecht durchziehen können, ist es möglich, das Kanu rudernd seitwärts zu bewegen. Da Sie dabei nicht aussetzen, gibt Ihnen das Wriggen zusätzliche Stabilität, was besonders bei starker Strömung wichtig ist.

Wriggen vorwärts

Vorgehen: Beim Wriggen vorwärts das Paddel in eine Position zum Durchziehen in bequemer Entfernung vom Kanu anstellen, die vordere Kante des Paddels ca. 45 Grad vom Kanu abwenden, dann das Paddel in dieser Position ca. 60 cm gerade nach hinten ziehen. Dann das Blatt um 90 Grad drehen und es in dieser Stellung wieder zum Ausgangspunkt zurückdrücken.

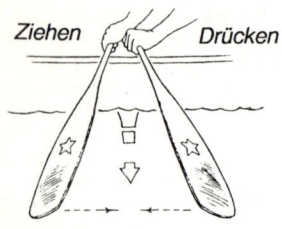

Ziehen   Drücken

Abb. 12

Wriggen rückwärts

Das Wriggen rückwärts bewegt das Boot weg vom Paddel. Der Schlag ist also genau das Gegenteil vom Wriggen vorwärts, außer daß man ihn so dicht wie möglich am Boot ansetzt. Auf Zahmwasser ist dieser Schlag sehr nützlich, in starker Strömung jedoch hat er eine wenig stabilisierende Wirkung.

Stabilisierungstechniken

Paddelstütze (Abb. 13)

Die Paddelstütze funktioniert wie eine Auslage, eine beabsichtigte Körperverlagerung des Fahrers. Sie soll das Kanu beim Wenden und bei Wellengang vor dem Kentern sichern.

Abb. 13

Vorgehen: Holen Sie aus, legen Sie das Paddel fast flach aufs Wasser, dabei zeigen die Handknöchel nach unten. Wenn das Boot Fahrt macht, die vordere Blattseite über das entgegenkommende Wasser halten. Dieses wird das Paddel darin unterstützen, auf dem Wasser zu gleiten und nicht auf Tauchstation zu gehen. Gewicht fest auf das Paddel legen - wer nur halbherzig drückt, wird

keinen Erfolg haben. Wenn Gefahr besteht, daß das Boot zur Paddelseite kentert, können Sie es mit einem kräftigen Druck nach unten
wieder aufrichten. Dieses sollte aber blitzschnell und mit Gefühl
erfolgen; nicht mit dem Paddel auf das Wasser "schlagen".

Auch auf ruhigem Wasser können Sie die Paddelstütze anwenden:
Nehmen Sie volle Fahrt auf, holen Sie ca. 30 Grad nach hinten aus
und bei stark aufgestellter aktiver Blattseite kräftig drücken. Das Kanu
wird um das Paddel herumwirbeln und eine innere Wende vollführen
oder sich um eine "feste Achse" drehen.

An späterer Stelle wird dieses Manöver von Charlie Wilson noch
einmal eingehend beschrieben.

Paddelhang (Abb. 14)
Mit dem Paddelhang können Sie
das Kanu gleichzeitig in starkem
Maße stabilisieren, es zur Seite
neigen und durchziehen. Genau-
genommen ist der Paddelhang
lediglich ein Schlag auf der Stelle,
bei dem die aktive Blattseite gegen
die Strömung gehalten wird oder in
einem stark ansteigenden Winkel
dazu. Der Erfolg dieses Zuges
hängt davon ab, wieviel Fahrt das
Boot bedingt durch das Paddeln
oder die Strömung macht und darüber hinaus von der Neigung, die
den Zug des sich bewegenden
Wassers ausgleicht.

Abb. 14

Droht das Boot zur Gegenseite, der Seite, die sich dem Paddel ge-
genüber befindet, zu kentern, zu einem Paddelhang ausholen und das
ganze Gewicht auf das Paddel legen. Ein wichtiger Schlag, den Sie
üben sollten, bevor Sie sich aufs Wildwasser begeben.

Wechselschlag rückwärts (Abb. 15)

Diesen Schlag anwenden, wenn Sie einen kraftvollen Rückwärtsschlag benötigen und gleichzeitig wenden wollen. Er ähnelt dem
Konterschlag, ist aber effektiver.

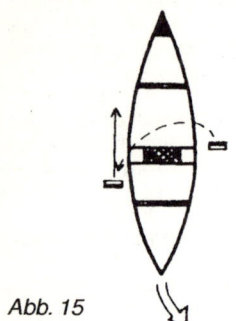

Abb. 15

Vorgehen

Zunächst die Schultern drehen und das Paddel über das Kanu schwingen. Dann mit der normalen aktiven Blattseite einen Vorwärts-schlag ausführen. Dadurch, daß Sie den Winkel, in dem das Paddel angestellt ist, verändern und die Bestandteile des Slalom-Steuer-schlags hinzufügen, können Sie das Kanu pfeilgerade rückwärts richten. Außerdem ist es möglich, in einen Konterschlag für eine schnelle Drehung zur Druckseite überzugehen.

Von größtem Wert ist die Anwendung dieses Schlages in Strom-schnellen, wenn Sie einen Gegendruck auf der Arbeitsseite brauchen. Dies ist also in erster Linie ein Schlag aus der Wildwassertechnik und wird bei Kanuwanderungen nie vorkommen.

Gewichtsverlagerung (Kanten)

Um während der Fahrt eine sanfte Kurve zu fahren, reicht es, den Rumpf 3-5 cm zur Außenseite der Kurve zu neigen; das Gegenteil von dem, was Sie vom Fahrradfahren gewohnt sind. Kombinieren Sie die Gewichtsverlagerung mit einem *Post*, der von Harry Roberts be-schrieben wird, dreht sich das Boot um das Paddel. Wenn Sie die Ge-wichtsverlagerung beibehalten, solange das Kanu Fahrt macht, wird es eine leichte Kurve gegen die Neigung fahren.

Kombinationsschläge

Inzwischen haben Sie gesehen, daß alle Manöver im Prinzip aus wenigen Grundschlägen bestehen. Wenn Sie den Grundschlag vor-wärts, die Bogenschläge, die Ziehschläge und den Konterschlag be-herrschen, kommt der Rest von allein. Um die Schläge erklären zu können, mußte ich Bewegungsabläufe, die normalerweise ineinander-übergehen, voneinander trennen. Jedoch sind fließende, zusam-menhängende Bewegungsabläufe wesentlich beim Einerkanufahren.

Alleingang im Zweier

Natürlich wird man sich, wenn man an seinen wundervollen Einer gewöhnt ist, hüten, allein einen Zweier zu steuern. Schließlich ist es auch kein Vergnügen, einen 30 t LKW über einen Grand Prix-Kurs zu steuern, nicht einmal für einen guten Fahrer. Für den Fall, daß es dennoch dazu kommt, und Sie allein im Zweier sitzen, hier ein paar Tips.

Sitzposition
Das Kanu sollte sehr genau getrimmt werden. Am besten montieren Sie sich einen abnehmbaren Sitz ca. 50 cm hinter der Mitteltraverse. Wenn Sie aus der normalen Sitzposition schlecht über die Bordwand reichen können, müssen Sie ganz zur Seite rücken und die Knie eng zusammen gezogen in der Bilge unterbringen. In ruhigem Wasser ist diese Stellung sehr bequem, allerdings können Sie nur auf einer Seite paddeln.

Viele Paddler sitzen lieber auf dem hinteren Sitz eines Zweiers, wenn sie allein fahren, weil das Kanu dort besonders schmal ist, doch gerät dieses dabei völlig aus der Balance: Der Bug hängt in der Luft, während das Heck tief im Wasser liegt. Es ist, als ob man ein 2 m langes Boot mit 3 m Überhang steuert - die leichteste Brise läßt es kentern. Außerdem hat man weder die Kontrolle über die Richtung noch die Geschwindigkeit.

Die meisten anderen "Einer-Techniken", wie z.B. Rückwärtspaddeln vom vorderen Sitz oder Paddeln vom Hecksitz aus mit Gewicht im Bug, sind nicht nur sinnlos, sondern mehr oder weniger gefährlich!

Manöver in schneller Strömung und Sicherheit

Auch der Kanute, der nicht gerne auf Wildwasser fährt, sollte die Seilfähre und das Einschlingen beherrschen. Diese Manöver versetzen ihn in die Lage, Felsen oder umgestürzten Bäumen in starker Strömung auszuweichen.

Seilfähre

Seilfähre rückwärts (Abb. 16)
Nehmen wir an, Sie paddeln auf der rechten Flußseite und direkt vor Ihnen taucht ein Hindernis auf. Wenn Sie versuchen sollten, darum herum zu lenken, werden Sie mit Sicherheit an der Breitseite des Hindernisses landen. Stattdessen beginnen Sie das Ausweichmanöver mit der Seilfähre rückwärts.

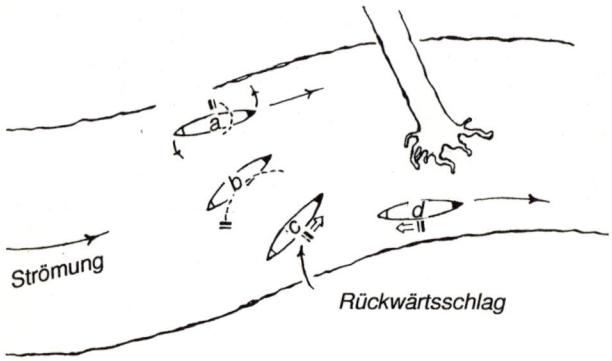

Abb. 16

Vorgehen: Mit einem kräftigen Konterschlag drücken Sie das Kanu in einen ca. 30 Grad Winkel zur Strömung (Abb. 16a). Benötigen Sie mehr Schwung, einen Wechselschlag rückwärts anschließen. Wenn der Winkel stimmt, mit dem Slalom-Steuerschlag auf der Flußabwärtsseite rückwärts paddeln (Abb. 16b). Bei Beibehaltung dieses Winkels wird sich das Kanu zur Seite bewegen und nicht den Fluß hinabtreiben.

34

Da Ihnen ein Partner als Gegengewicht fehlt, müssen Sie zwischen dem Konterschlag, dem Slalom-Steuerschlag und/oder dem Bogenschlag rückwärts abwechseln, um beim Rückwärtsrichten die Kontrolle über die Richtung beizubehalten. Es ist etwas leichter, wenn Sie das flußabwärtsgerichtete Ende des Kanus etwas herunterdrücken. Eventuell müssen Sie Ihren Rucksack oder Ihr Gepäck vor Beginn des Manövers etwas nach vorn schieben.

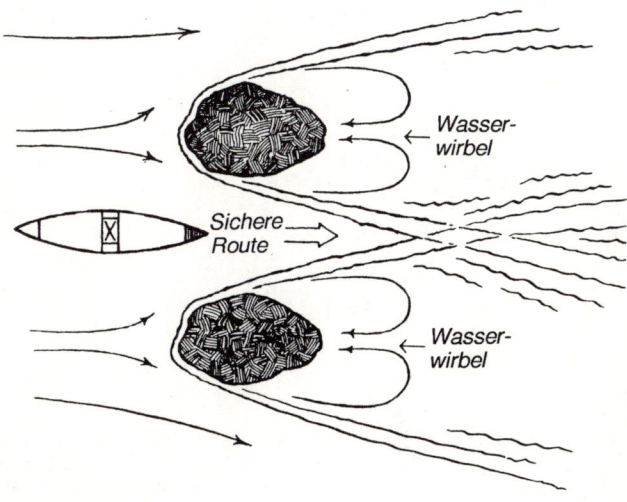

Abb. 17

Seilfähre vorwärts
Auch die Seilfähre vorwärts ist ein Ausweichmanöver, das auf dem Vektorenprinzip beruht. Es entspricht der Seilfähre rückwärts, nur daß das Kanu vorher um 180 Grad gedreht wird und man entsprechend vorwärts und nicht rückwärts paddelt. Um einen breiten Fluß oder eine starke Strömung zu überqueren und immer dann, wenn genügend Zeit vorhanden ist, sich flußaufwärts zu wenden, eignet sich die Seilfähre vorwärts besonders gut.

Ausschlingen/Einschlingen

Wenn Wasser um ein Hindernis herum oder um eine scharfe Kurve fließt, entsteht eine Strömung flußaufwärts oder ein Wasserwirbel. Wenn man weiß, wie man dort hineingelangt, dann kann man an dieser Stelle gefahrlos verschnaufen.

Ausschlingen (Abb. 18)

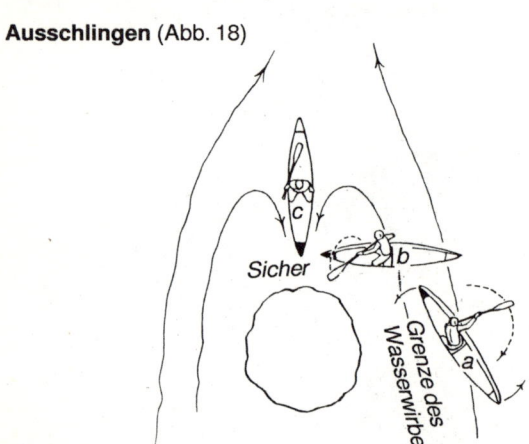

Abb. 18

Vorgehen: Sie paddeln auf der **rechten Seite** und möchten in den Wasserwirbel links von Ihnen. Also fahren Sie kraftvoll vorwärts und führen dabei einen Bogenschlag aus, um das Kanu zu drehen (Abb. 18a). Sobald der Bug des Kanus den Rand des Strudels erreicht, wenden Sie einen Konterschlag mit Paddelstütze an (Abb. 18b) und lehnen das Kanu flußaufwärts (oder mit der Strömung in bezug auf den eigentlichen Fluß des Wassers). Das Kanu dreht sich leicht um das Paddel und landet sicher im Wirbel (Abb. 18c).

Wenn Sie auf der **linken Seite** paddeln, müssen Sie, wie oben beschrieben, zunächst kraftvoll vorwärts paddeln, entweder vorangetrieben durch einen Grundschlag vorwärts, oder indem Sie die Seiten wechseln, um für die Drehung genügend Fahrt aufzunehmen. Sobald der Bug den Rand des Wirbels kreuzt, nach links kanten und einen stationären Ziehschlag auf der Backbordseite ausführen.

Um noch sicherer in den Wasserwirbel zu gelangen, können Sie das Kanu auf gleicher Höhe halten und mit der Seilfähre rückwärts Ihr Ziel erreichen.

Einschlingen (Paddel rechts) (Abb. 19)

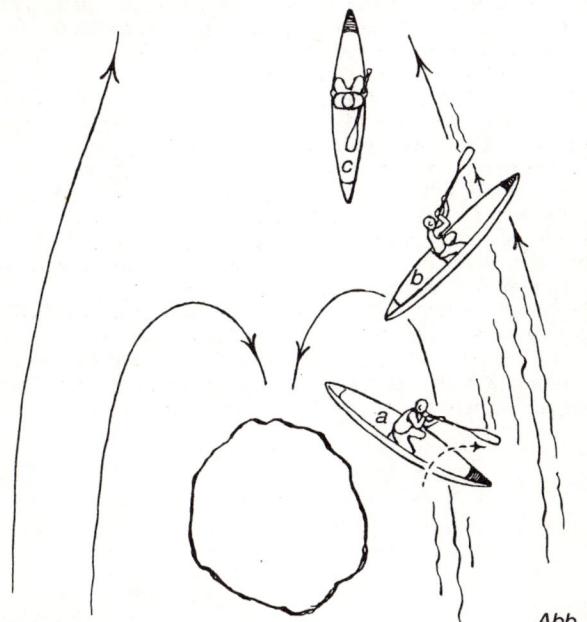

Abb. 19

Vorgehen: Zum Einschlingen das Kanu ca. 45 Grad zum Fluß drehen, während Sie vorwärts über den Rand des Wirbels paddeln. Stark fluß-abwärts kanten und mit einem stationären Konterschlag aus-balancieren. Eine andere Möglichkeit besteht darin, vor dem Über-queren der Grenze des Strudels die Seite zu wechseln und einen Pad-delhang in Strömungsrichtung auszuführen.

Leider erlaubt es der vorhandene Platz nicht, den genauen Bewe-gungsablauf im Wildwasser zu schildern.

37

Sicherheit

Die einzig echte Gefahr für Sie ist das Kentern im offenen Wasser. Wenn Sie allein unterwegs sind, müssen Sie sich und Ihre Ausrüstung schwimmend an Land bringen - Grund genug, in jedem Fall eine Schwimmweste zu tragen. Wichtig ist, daß das Kanu genügend eigenen Auftrieb hat, damit es nicht sinkt. Durch Ausschäumen wird das Kanu 1-2 kg schwerer. Daher wird dieses bei leistungsorientierten Kanukonstruktionen sehr selten angewandt.

An beiden Enden des Bootes sollten Sie Schlaufen oder eine Leine anbringen, die ca. 50 cm länger ist als das Kanu, um dieses abschleppen zu können. Außerdem sollten alle Ausrüstungsgegenstände im Kanu gesichert sein, damit beim Kentern nichts davonschwimmt. Darüber hinaus sollte es eine Selbstverständlichkeit sein, das Kanu am Ufer sicher zu vertäuen oder umzudrehen, wenn Sie an Land gehen. Sie sollten immer ein Messer dabei haben, wasserfeste Streichhölzer, eine Pfeife und einen Erste-Hilfe-Kasten, selbst wenn Sie nur einen kurzen Ausflug machen.

Es ist nicht schwer, ein Kanu, das in tiefem Wasser vollgelaufen ist, wieder leer zu bekommen. Sie können das Wasser ausschöpfen oder das Boot kippen und so ausleeren. Schwierig wird es, bei einigem Wellengang wieder in das Boot hineinzukommen. In dem Fall sollten Sie darauf vorbereitet sein, ein Stück zu schwimmen.

Sit'n Switch - der Trumpf des Rennkanuten

von Harry Roberts

Harry Roberts, Herausgeber und Mitbegründer der Zeitschrift "CanoeSport Journal" ist seit über 20 Jahren ein begeisterter Förderer des Kanusports und überzeugter Anhänger der "Sit'n Switch"-Methode. In den 70er Jahren gab er das "Wilderness Camping Magazine" heraus und schrieb vier Bücher und Hunderte von Zeitungsartikeln. An das Thema Outdoor kam er über einen Umweg durch seine Arbeit als Gymnasial- und Collegelehrer für Literatur und, wenig damit zusammenhängend, Projektmanagement im Ingenieurwesen. Er sieht sich selbst als professionellen Schriftsteller und Lehrer, Amateurtheologen und zwanghaften Redner. Harry ist so etwas wie ein Guru der "Sit'n Switch"-Methode bzw. der "North American Touring Technique" ("NATT").

Einleitende Spritzer

Der Kreis schließt sich: In den frühen Tagen des *Wilderness Camping Magazine* Anfang der 70er war ich Cliff Jacobsons erster Verleger. Bei diesem Buch ist er nun mein Verleger. Aber, der Leser sei gewarnt: Nach mehr als 15 Jahren sind wir uns noch längst nicht über alle technischen Einzelheiten des Paddelns einig. Es kann daher sein, daß ich einige Dinge abweichend von Cliffs Ausführungen beschreibe.

Wer hat nun recht? Beide. Was ich beschreibe, funktioniert und was Cliff beschreibt, funktioniert ebenfalls. Warum sind wir nicht einer Meinung, wenn beide Wege uns gleich gut über den See oder den Fluß hinabbringen und die Kanus gleich gut transportieren lassen?

Einige der Unterschiede sind reine Stilfragen. Ich mag es eben, aggressiv zu paddeln, scharf zu bremsen und ebenso aggressiv die Landschaft anzustarren. Cliff paddelt lieber langsam und gleichmäßig und betrachtet alles im Vorbeifahren.

Andere Unterschiede ergeben sich aus den verschiedenen Bootstypen, die jeder von uns vorzieht: Cliff mag die "Alleskönner", die sich vernünftig lenken lassen und ordentlich Leistung bringen. Ich ziehe die flotten Renneiner vor, die sich leicht und schnell vorwärts bewegen, dem Fahrer beim Drehen und Wenden jedoch einiges abverlangen.

Folgerichtig hat jeder von uns einen Paddelstil entwickelt, der seinen Vorlieben entspricht und ist auf die Kanus abgestimmt, die er vorzieht. Ich habe mich für die *North American Touring Technique* (*NATT*) oder *Sit-and-Switch*-Methode entschieden. Sie leitet sich von der in ganz Nordamerika von Rennfahrern angewandten Technik ab. Sie wird allgemein als die effektivste und am leichtesten zu erlernende angesehen. Im folgenden werde ich dieses Verfahren beschreiben.

Grundlagen der *North American Touring Technique*

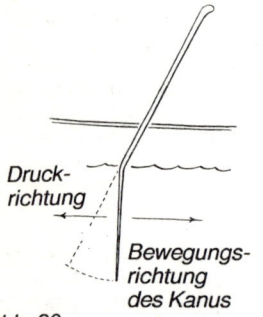

Druck-richtung

Bewegungs-richtung des Kanus

Abb. 20

Die Paddler, die die *NATT* anwenden, sitzen meist auf einem angepaßten Schalensitz. Um eine ausreichende Hebelwirkung zu erlangen, sind die Füße gegen die Fußstützen gestemmt. Das Paddel hat einen um 10-14 Grad gebogenen Schaft (Abb. 20) Damit der Kurs gehalten werden kann, paddeln Sie abwechselnd auf der linken und auf der rechten Seite. Manöver werden immer auf der Paddelseite ausgeführt; es gibt bei der *NATT* keine Schläge, die über Kreuz gemacht werden, d.h. eine Rechtskurve wird mit dem Paddel auf der rechten Seite gesteuert, eine Linkskurve auf der linken Seite.

Der Druckschlag wird nicht angewandt, es gibt allerdings eine abgewandelte Form, den *Pushaway*. Darüber hinaus wird am Ende des Vorwärtsschlags keine übertriebene Korrektur vorgenommen, um den Kurs zu halten, sondern es findet höchstens ein leichter und regelmäßiger Seitenwechsel statt. Dadurch behalten Sie Fahrt und belasten den Körper nicht einseitig.

Sie müssen lediglich drei Schläge beherrschen: den Vorwärtsschlag, den *Post* und dessen Verwandten, den Ziehschlag. Als viertes ist der *Pushaway* sehr brauchbar, besonders wenn Sie in engen Gewässern paddeln möchten, wo eventuell der Platz fehlt, um die Seite zu wechseln oder um das Boot seitwärts zu bewegen.

Verglichen mit den klassischen Paddelschlägen, bei denen häufig Kreuzschläge und Korrekturen vorkommen, ist die *NATT* kinderleicht. Allerdings mit einer Einschränkung: Sie müssen diese Schläge auf beiden Seiten gleich gut oder fast gleich gut beherrschen.

Paddellänge

Die Paddellänge ist ein wichtiges Thema. Ist der Schaft zu kurz oder zu lang, arbeitet man aus einer biomechanisch ungünstigen Position und erreicht keine volle Leistung. Wie groß also muß das Paddel sein? Um das herauszufinden, stellen Sie das Paddel mit dem Griff auf die Bank. Nun sollten Sie mit der Nase bis zum Hals des umgedrehten Paddels reichen, also bis dorthin, wo der Schaft in das Blatt übergeht.

Die **Blattbreite**? 20 cm oder weniger, wenn Sie dessen habhaft werden können.

Handabstand

Der Handabstand spielt ebenfalls eine bedeutsame Rolle. Wenn Sie aufrecht stehen, die Arme locker an der Seite herunterhängen, und Sie das Paddel aufnehmen, so fassen Sie es mit der Hand, die dem Blatt am nächsten ist, der "unteren" Hand, ca. 2 ½ Handbreit oberhalb des Blattes an. Dieses ist der optimale Handabstand. Befindet sich die untere Hand näher am Paddelhals, fehlt beim Vorwärtsschlag die Reichweite, und Sie müssen sich bei jedem Schlag weit vorbeugen. Dadurch bringen Sie das Boot dazu, eine unerwünschte Richtung einzuschlagen.

Vorwärtsschlag (Abb. 21)

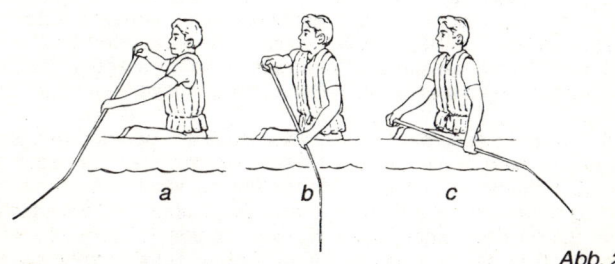

Abb. 21

Vorgehen: Dieser Schlag wird mit fast gestreckten, weit vom Körper entfernten Armen durchgeführt. Er unterscheidet sich nicht von dem von Cliff beschriebenen, nur daß man mit dem gebogenen Paddel etwas weiter ausholen kann. Den Oberkörper bei der Vorwärtsbewegung leicht mitdrehen. Nicht nach vorn beugen! Wenn Sie in der Taille einknicken, wird das Paddeln sehr unangenehm und ineffektiv. Also, aufrecht sitzen und den Schlag von den Füßen aus beginnen. Sie können die Kraft spüren, die sich von den Füßen ausgehend durch den Körper bis ins Paddel fortpflanzt. Jetzt halten Sie den Schlag an, während Ihr Körper sich wieder zum "Quadrat" zurückdreht. Die Kraft-Phase des Schlages endet kurz bevor das Blatt senkrecht zum Wasser ist. "Ziehen" Sie nicht mit den Armen, denn diese sollen das Paddel lediglich mit dem Körper verbinden. Wenn das Blatt eingetaucht ist, können Sie sich gegen das Paddel lehnen. Einen saubereren Schlag erzielen Sie, wenn Sie das Blatt mit der Spitze nach unten eintauchen. Nur nicht mit den Armen daran ziehen!

Am Ende des Vorwärtsschlages den Daumen der Griffhand, der "oberen" Hand, vom Körper wegdrehen, als wenn Sie ein Marmeladenglas öffneten. Nun das Paddel aus dem Wasser ziehen, ohne die Stellung der Arme zu verändern, drehen und erneut durchziehen. Durch die leichte Drehung der oberen Hand erreichen Sie eine kleine Kurskorrektur. Die Bewegung ist nicht so deutlich wie beim J-Schlag (Wildwasser-Steuerschlag).

Nach 3-6 Schlägen beginnt das Kanu vom Kurs abzuweichen und zwar von der Paddelseite weg. Also wechselt man das Paddel auf die andere Seite und fährt weiter.
Der **Wechsel** an sich ist einfach, bedarf aber einiger Übung. Das Geheimnis besteht darin, das Paddel niemals loszulassen. Beginnen Sie auf der rechten Seite. Beim normalen Herausziehen des Paddels aus dem Wasser lassen Sie die rechte Hand am Paddelschaft nach oben gleiten, während die linke Hand den Griff losläßt und den Schaft ergreift.
Wenn Sie dieses ein paarmal an Land üben, beherrschen Sie die Bewegung bald. Nach einigem Training werden Sie in der Lage sein, bei 60 Schlägen pro Minute die Seiten zu wechseln, ohne einen Schlag auszulassen. Zunächst aber, sauber üben und zuversichtlich sein! Schon nach einer halben Stunde auf dem Wasser können Sie den Wechsel sauber und schnell ausführen und sind in der Lage, in einen Ziehschlag überzugehen, um einem Hindernis auszuweichen. Natürlich kommt das Können mit der Übung!

Post (Abb. 22)
Der *Post* ist ein statischer Ziehschlag. Er wird angewandt, um eine leichte Kurve zu fahren, ohne Geschwindigkeit zu verlieren.

Vorgehen: Für eine **Rechtskurve** Paddel auf die rechte Seite wechseln, wenn es nicht bereits dort befindet. Stechen Sie es dann ins Wasser, irgendwo auf der Höhe zwischen Ihren Knien und der Hüfte. Dabei ist die aktive Blattseite um ca. 30 Grad geöffnet, der Schaft ist senkrecht.

Abb. 22

Der *Post* funktioniert ähnlich wie der Vorwärtsschlag, nur daß hier die aktive Blattseite angestellt ist und man den Körper nicht dreht, um das Kanu vorwärtszubewegen. Wenn das Boot mittlere Fahrt hat, wird es jetzt leicht nach rechts steuern.

So, wenn Sie sich jetzt zur entgegengesetzten Seite lehnen, Schultern senkrecht über den Hüften und den Wasserdruck gegen das angestellte Paddel nutzen, um sich sicher zu fühlen, dreht sich das Boot noch schneller, da der Druck auf die Längsachse verringert wurde. Also, um rechts herum zu fahren, den *Post* rechts setzen, nach links lehnen. Nicht zur *Post*-Seite kanten, denn das Paddelblatt ist nicht darauf ausgerichtet, sich dagegen abstützen zu können. Aus dieser Position kann man sofort einen Vorwärtsschlag anschließen.

Setzen Sie den *Post* direkt seitlich vom Körper an und wenden dabei den Körper zum Paddel, rutscht das Kanu zur Seite, ohne sich zu drehen. Wenn Sie sich schneller seitwärts bewegen möchten, benutzten Sie den Ziehschlag.

Ziehschlag

Wie bereits gesehen, bewegt dieser Schlag das Boot mit größerer Kraft zur Seite. Gewissermaßen handelt es bei ihm um einen Vorwärtsschlag, der aber anstatt parallel zum Kiel, senkrecht zum Kiel angesetzt wird.

Vorgehen: Drehen Sie den Oberkörper, das Paddel weit außenbords und vor Ihrer Hüfte einstechen. Wenn das Blatt unter Wasser und parallel zur Kiellinie ist, der Schaft sich in der Senkrechten befindet, einen Vorwärtsschlag ausführen. Dabei den Daumen der Griffhand am Ende des Schlages vom Körper wegdrehen und das Blatt nach hinten aus dem Wasser herausführen, um, falls nötig, zum nächsten Zug anzusetzen.

Die Griffhand ist dabei außenbords, richtig? Am besten den Schlag im Boot ohne Fahrt üben, bis er richtig sitzt. Natürlich auf beiden Seiten versuchen! Die meisten Leute machen den Fehler, daß sie regelrecht ins Wasser stechen, statt eine gleitende, kraftvolle Bewegung auszuführen. Natürlich bedarf dieser Schlag einiger Übung, aber Sie müssen auch wissen, wie Sie es richtig machen.

Pushaway (Abb. 23)

Der *Pushaway* ist ein Mittelding zwischen einem Ziehschlag rückwärts und dem vorher beschriebenen Druckschlag. Er ist kein besonders kraftvoller Schlag, bewegt aber das Boot von der Paddelseite weg und reicht aus, ein kleines Hindernis zu umfahren, wenn nicht genug Platz vorhanden ist, die Seite zu wechseln oder - oh, Schreck! - einen Konterschlag anzusetzen. Wer gerne wie ich auf sumpfigen Flüssen und Mooren paddelt, muß den *Pushaway* beherrschen.

Durchziehen

Abb. 23

Vorgehen: Das Blatt ist direkt in Hüfthöhe ganz im Wasser, der Schaft jenseits der Senkrechten, beide Hände befinden sich außenbords, die Griffhand weiter außen als die untere Hand und der Oberkörper ist zum Paddel gedreht. Das Blatt ist parallel zur Kiellinie oder etwas geschlossen. Jetzt das Paddel einfach vom Kanu wegdrücken, dabei den Körper benutzen, um gegen den unteren Arm durchzudrücken. Auch diesen Zug erst im stillstehenden Boot üben, dann während der Fahrt. Wenn der Schlag zu beiden Seiten beherrscht wird, versuchen, das Paddel am Ende des Schlages durchs Wasser in einem Bogen nach vorn zu ziehen. Dadurch kann der *Pushaway* mit einem Vorwärtsschlag verbunden werden.

Diese Schläge unterscheiden die *NATT*-Technik von anderen und machen sie leistungsfähiger.

Um das Repertoire zu erweitern, ziehen Sie noch einige Schläge aus Cliffs Beschreibungen heran. So ist das Wriggen angebracht, um im flachen Wasser vom Ufer wegzukommen. Die Kombination aus Bogenschlag rückwärts und Ziehschlag vorne ist sinnvoll, wenn Sie eine halbe Drehung machen möchten und schnell in entgegengesetzter Richtung weiterpaddeln wollen. Auch ein Rückwärtsschlag ist geeignet.

NATT nur in flachen Gewässern?

Genau das ist ein Gerücht! Diejenigen, die weder diese Technik noch das Fahren mit gebogenen Paddeln richtig beherrschen, behaupten, *NATT* sei nicht für Wildwasser geeignet. Tatsächlich aber benutzen alle Rennpaddler, die in offenen Booten flußabwärts paddeln, diese Technik. Darüber hinaus verwenden sie die gebogenen Paddel.

Natürlich schießen sie nur so durch die Schnellen, halten sich dort nicht lange auf, aber das tun die Kanuten in ihren Wanderbooten auch nicht. Außerdem paddeln diese nicht in schwerem Wildwasser, schon nicht wegen des Gepäcks an Bord. Dafür gibt es schließlich die Pfade zum Umtragen.

 Beachten Sie, daß die für *NATT*-Paddler konstruierten Boote nicht unbedingt Wildwasser geeignet sind, da sie ein für sie typisches kleines Ausmaß und einen relativ durchgehenden Kiel haben.

Diese Boote drehen sich nicht leicht und reiten zwar gut auf den Wellen des Sees, haben aber die Angewohnheit, im Wildwasser auf Tauchstation zu gehen. Sicher kann ein sehr guter Paddler ein Kanu dieser Bauart durch einen Wildwasserkurs der Klasse II (leichte Schnellen mit max. 1 m hohen Wellen) fahren, ein größeres Boot sogar, wenn es sehr gut und anspruchsvoll gebaut ist, auf Klasse III Kursen, aber eigentlich ist das nicht die Bestimmung dieser Boote. Daß man sie auch unter diesen Bedingungen einsetzen kann, soll nur zeigen, daß *NATT* eine sehr überzeugende Technik ist, besonders für alle Seitwärtsbewegungen des Bootes, die bei Bootswanderungen ebenso wichtig sind wie die Drehung.

Abschließende Spritzer

Paddeln ist ein Vergnügen. Das Beherrschen der Technik soll nicht dazu dienen, bei Freunden Eindruck zu machen, sondern den Kanuten eins machen mit dem Paddel, dem Boot, dem Wasser und der Luft. Echtes Können wirkt befreiend! Sie tun, was Sie tun müssen, ohne darüber nachzudenken und können dabei die ganze weite, wilde Welt in sich aufnehmen. Sie lieben den Wind, umarmen die Wellen, erfreuen sich an der Bewegung, schmecken den Schweiß. Sie sind vereint mit dem Bruder Fischadler und dem Bruder Falken. Preisen Sie die Schildkröte, streicheln Sie den Felsen!

OUTDOOR HANDBÜCHER

Bisher erschienen

Karte & Kompaß
Knoten
Eßbare Wildpflanzen

Mountainbiking
Rafting
Solo im Kanu

In Vorbereitung

Überlebenstraining
Rucksackwandern
Wildwasserfahren
Helfen -Heilen - Retten
Küstenfahren in Kajak
Free Climbing
Rettungsmaßnahmen
Snowboarding

Fotografieren
Zelten
Bergsteigen
Skilanglauf
Kochen
Erste Hilfe
Hypothermie
Kanufahren

Die Eleganz des Freistils

von Charlie Wilson

Charlie Wilson ist ein Flachland-Farmer mit einem Faible fürs Kanufahren. Er hat Anfang der 80er Jahre durch seine Firma, die Grade IV, ein neues Packkonzept für Kanus eingeführt und seitdem viele Neuerungen in diesem Bereich eingebracht.

Charlie organisiert die Conclave-Wettbewerbe, in Amerika stattfindende, von der Industrie gesponsorte Kanusport-Veranstaltungen. Als ein überzeugter Anhänger des Sport- oder Freistilfahrens, scheint er entschlossen zu sein, die Amerikaner zu überzeugen, daß nur noch superleichte, kleine Kanus verkauft werden sollen, die leicht auf die Reaktion des Fahrers ansprechen und einen schneidigen Rumpf haben. Nur so kann das Kanufahren seiner Meinung nach Spaß machen.

Charlie arbeitet häufig als Berater von Kanu- und Paddelherstellern und schreibt Artikel über das Freistilpaddeln für eine Reihe von Fachzeitschriften. Darüber hinaus ist er einer der Herausgeber des "CanoeSport Journal" und arbeitet zur Zeit gemeinsam mit Lou Glaros an ihrem Buch über Freistilpaddeln.

Freistilkanus

Freistilkanus oder Sporteiner unterscheiden sich von ihren "Wander-Brüdern" in zweierlei Hinsicht: Sie sind kleiner - sowohl schmaler als auch kürzer - und besitzen dadurch einen zwar langsameren aber leistungsfähigeren Rumpf. Das Volumen über der Wasseroberfläche ist groß genug, damit bei starkem Kanten, Bug und Heck ganz aus dem Wasser kommen. Aufgrund dieser Merkmale reagiert das Kanu sofort.

Da Sportkanus nicht felsenfest im Wasser liegen, wenn Sie in ihnen sitzen, haben Sie den besten Halt, wenn Sie knien. Auf diese Weise können Sie durch Verlagern des Gewichts auf das eine oder andere Knie, das Boot weit backbord oder steuerbord kanten, vorausgesetzt, Sie lehnen sich nicht ganz über den Seitenrand. In ruhigem Wasser können Sie mit ausgestreckten Beinen sitzen; besonders wenn Sie stabilisierendes Gepäck oder Ballast an Bord haben. Um aber aufs Ganze zu gehen, knien Sie sich ins Boot und drücken Sie die Knie in die Bilge.

Warum aber sollte sich jemand beim Paddeln zur Seite lehnen? Die Antwort auf dieses Frage ist: natürlich um die Balance zu halten

47

oder um in die Kurve zu gehen. Die meisten Einer sind so konstruiert, daß sie automatisch geradeaus fahren, wenn der Kiel gleichmäßig im Wasser liegt und am besten dann in die Kurve gehen, wenn man das Gewicht deutlich verlagert. Wenn Sie das Kanu ganz auf die Seite legen, verändert sich die Unterwasserlinie, d.h. die Schwerpunktlinie ist jetzt das gebogenen Rückgrat des Rumpfes. Bug und Heck ragen aus dem Wasser, welches die Länge unter Wasser verringert.

Indem Sie also das Gewicht weit auf eine Seite verlagern, können Sie aus einem schmalen Wanderkanu mit durchgehendem Kiel ein leicht verrückt spielendes "Spielboot" machen. Durch starkes Hinüberlehnen über die Seitenwand können Sie mit Hilfe des Paddels den Bug oder das Heck leichter in eine neue Richtung bewegen. Wenn Sie genügend Fahrt machen, können Sie so den vorderen Teil des Kanus zu einer Seite ziehen und damit den hinteren dazu bringen, in einer schnellen Wende um ihn herumzuschleudern.

Bei dieser Gewichtsverlagerung ist es wichtig, den Oberkörper senkrecht zu halten und die Bewegung des Rumpfes mit der Hüfte auszugleichen. Das Überlehnen außenbords, wie man es bei Freistilveranstaltungen beobachten kann, ist effektvoll, aber unsicher und eigentlich ein Zeichen mangelnden Könnens. Wenn die Wirbelsäule immer auf den Mittelpunkt der Erde gerichtet ist, ist die Lage richtig.

Halten Sie das Paddel immer so locker in den Händen, daß Sie das Blatt nach Bedarf öffnen und schließen können, wenn die Wende sich verlangsamt. Halten Sie das Paddel krampfhaft fest, ist das nicht möglich.

Es ist tadellos, wenn Sie das Kanu mit den Knien allein, Paddel quer vor sich auf dem Dollbord ruhend, durch kleinere Schnellen steuern können; eleganter ist jedoch das durch Gewichtsverlagerung und Paddelbewegungen erzielte Zusammenspiel von Boot, Paddel, Wasser und dem Willen des Fahrers.

Gewichtsverlagerung zur besseren Kontrolle des Kanus

Zusätzlich kann die Manövrierbarkeit des Kanus durch Gewichtsverlagerung nach vorn oder achtern verändert werden. Wenn Sie sich weit nach vorn lehnen und so den Bug tief ins Wasser drücken, kommt das Heck weit aus dem Wasser heraus und läßt sich leicht und schnell in die eine oder andere Richtung dirigieren. Durch Zurücklehnen erreichen Sie, daß das Heck tiefer im Wasser liegt und der Bug sich besser und rascher bewegen läßt.

Beherrschen Sie das Paddeln auf beiden Seiten!

Es gehört zum Können eines guten Freistilfahrers, das Boot ohne Seitenwechsel beim Paddeln vollkommen zu beherrschen. Beim Wanderkanu wird man aber gelegentlich, um den Körper nicht einseitig zu belasten und Manöver zu erleichtern, die Seiten wechseln. Es ist daher unbedingt notwendig, gewisse Bewegungen beidseitig zu beherrschen.

Manöver

Snap Turn (Abb. 24)
Der *Snap Turn* ist eine rasche Drehung zur Zugseite.

Vorgehen: Ordentlich Fahrt aufnehmen, die Drehung einleiten, indem Sie den Schwung Ihres letzten Schlages besonders tief ausführen (Abb. 24a), den Rumpf dabei zum Paddel neigen, um Bug und Heck möglichst hoch zu bekommen.

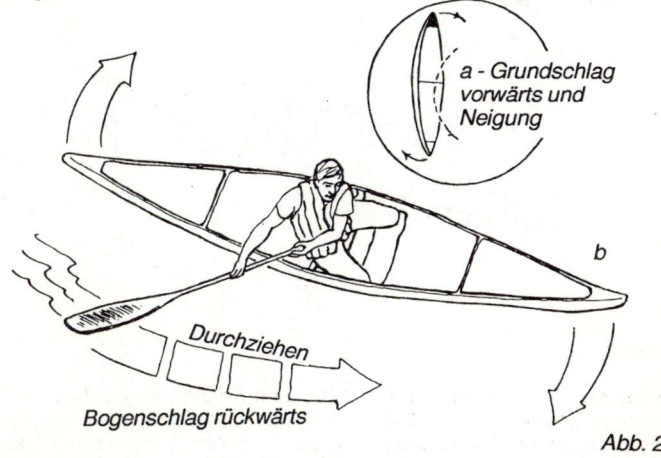

a - Grundschlag vorwärts und Neigung

b

Durchziehen

Bogenschlag rückwärts

Abb. 24

49

Beim Beenden des Grundschlages vorwärts das Boot noch weiter in die Drehung lehnen und dabei das Paddel auf die Rückseite drehen, die vordere Kante ist angehoben, so daß das Paddel über das Wasser gleitet. Jetzt bei gleicher Neigung das Heck mit einem tief abgestützten Bogenschlag rückwärts herumdrücken (Abb. 24b). Der Trick besteht darin, das Drehmoment zu verlängern, und es nicht etwa in einem kurzen Kraftausbruch zu maximieren.

Mit diesem Manöver erreichen Sie eine Drehung um ca. 90 Grad, verlieren aber alle Fahrt, da das lineare Moment in der Drehung des Hecks verbraucht wird.

Achsdrehung zur Zugseite (Abb. 25)

Mit dieser Drehung verliert man nicht so viel Fahrt wie mit dem *Snap Turn*.

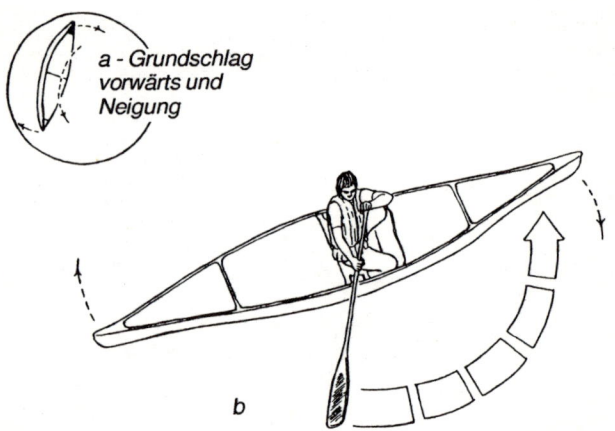

a - Grundschlag vorwärts und Neigung

b

Abb. 25

Vorgehen: Fahrt aufnehmen und mit einem tiefen Zug auf der Arbeitsseite beginnen (Abb. 25a). Jetzt das Paddel aus dem Wasser ziehen und einen Paddelhang (Knöchel nach oben) ansetzen, dabei das Blatt 45 Grad zur Kiellinie öffnen, die Zugseite des Bootes tief ins Wasser drücken. Das Kanu sollte jetzt einen enger werdenden Bogen um das Paddel beschreiben (Abb. 25b).

Die Achsdrehung zur Zugseite ist schneller als ein *Snap Turn*, da man den Bug zum Paddel hinzieht, und so der Schwung das Heck herumschleudert. Ein weiterer Vorteil besteht darin, daß Sie aus dem Paddelhang direkt in den nächsten Vorwärtsschlag übergehen können, sobald Sie das Boot wieder aufgerichtet haben.

Post

Bei den bisherigen Manövern wurde das Gewicht zur Drehung hin verlagert. Jetzt versuchen Sie es einmal umgekehrt. Eine Gewichtsverlagerung auf die Druckseite erhöht die Geschwindigkeit der Drehung, da die Abweichung des Kiels noch zu der Gleichung hinzugefügt wird. Bei dem *Post*-Manöver, das Harry Roberts beschrieben hat, ist die Endphase der Drehung noch schneller. Wenden Sie den *Post* an, um eine sichere Drehung zu vollführen und ohne Fahrt zu verlieren. Mit diesem Manöver kann man z.B. gut aus einer leichten Strömung in einen Wasserwirbel gelangen.

 Beim *Post* müssen Sie, sobald Sie den Rand des Wasserwirbels überqueren, das Kanu in die andere Richtung (flußaufwärts) lehnen. Es kann sonst für Sie zu einem unangenehmen Erlebnis werden, wenn Sie sich mit der Strömung neigen!

Cross-Post (Abb. 26)

Alle bisherigen Drehungen erfolgten zur Paddelseite. Wenn Sie jedoch in die andere Richtung drehen möchten, können Sie entweder das Paddel über den Rumpf legen und die Hände wechseln oder einfach einen Konterschlag ausführen. Beides funktioniert, doch sind sie wenig spektakuläre Manöver. Besser ist der *Cross-Post*.

Vorgehen: Ordentlich Fahrt aufnehmen und das Manöver mit einem weiten Bogenschlag einleiten. Zum Ende dieses Schlages Knie an der Zugseite senken, sich zum Paddel neigen, während Sie den Bogenschlag vollenden, um so den Bug vom Paddel wegzudrücken (Abb. 26a). Dieses erst weit vorn wieder ausnehmen (dabei Oberkörper mitdrehen) und einen Konterschlag mit Paddelhang ansetzen und zwar so weit wie möglich hinter dem Knie, das sich auf der Gegenseite befindet. Die aktive Blattseite ist dabei 45 Grad zur Kiellinie geöffnet. Nicht die Hände wechseln. Im Grunde ist dieser Schlag ein fast senkrechter stationärer Konterschlag, der möglichst weit hinter dem Körper ausgeführt wird.

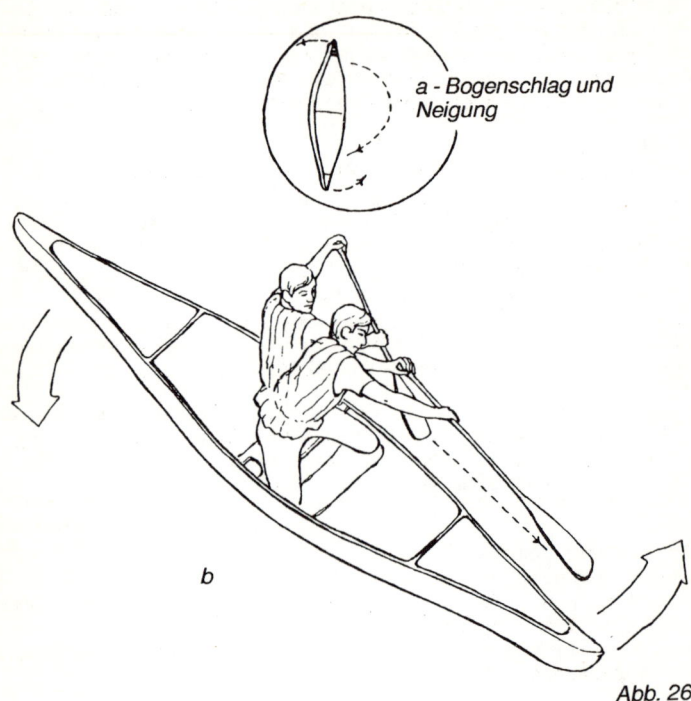

a - Bogenschlag und Neigung

b

Abb. 26

Nun das äußere Knie soweit hinabdrücken bis der Bootsrand fast im Wasser ist und die Drehung beenden. Wenn der Schwung nachläßt, Paddel nach vorn gleiten lassen, etwas öffnen, um die Drehung nicht zu bremsen (Abb. 26b). Das Kunststück besteht dabei darin, das Boot die Drehung selbst ausführen zu lassen, ohne die Geduld zu verlieren. Wenn sie Ihnen ausreichend erscheint, einen konventionellen Konterschlag und ein, zwei Vorwärtszüge zur Druckseite anschließen, bevor Sie das Paddel auf die andere Seite zurückholen. Toll! Jetzt noch einmal versuchen und das Dollbord bis in die Teichlinse drücken.

Bow Wedge (Abb. 27)

Um noch schneller zur Druckseite zu drehen, wenden Sie den *Bow Wedge* an.

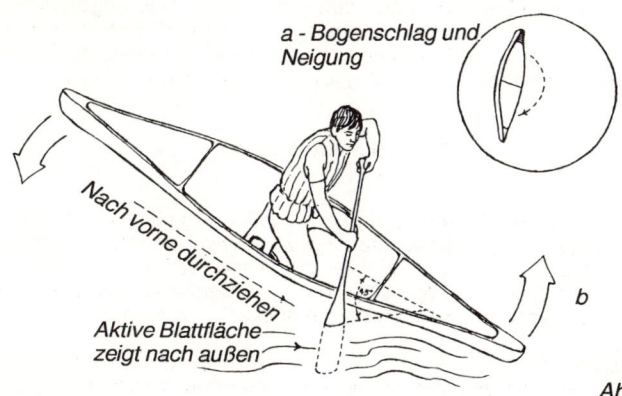

a - Bogenschlag und Neigung

Nach vorne durchziehen

Aktive Blattfläche zeigt nach außen

b

Abb. 27

Vorgehen: Das Manöver aus der Vorwärtsbewegung mit einem Bogenschlag beginnen, Rumpf mit dem Knie auf der Arbeitsseite zur Paddelseite hinunterdrücken (Abb. 27a). Beim Wiederaufnehmen des Paddels nach dem Bogenschlag, das Gewicht weit nach vorn verlagern, dadurch daß das Paddel nach vorn eingetaucht wird. Die aktive Blattseite zeigt nach außen, um das Dollbord vor dem Knie in einem 45 Grad Winkel zu durchschneiden. Paddelschaft fest gegen die Bordwand halten. Der Bug wird sich kraftvoll vom Paddel wegdrehen, während das nach außen geneigte Heck in einer sich beschleunigenden Drehung um das Vorderteil gleitet (Abb. 27b).

Da Sie dieses Manöver auch mit gebogenem Paddel oder einer festgelegten aktiven Blattseite ausführen können, ist es wichtig, den Schaft immer so zu drehen, daß die aktive Blattseite außerhalb und nicht innerhalb des Keiles ist.

Den Bogenschlag ausführen, dabei den Schaft mit der oberen Hand vorwärts um 90 Grad drehen, dann das Paddel nach vorn gleiten lassen und gegen den Rumpf verkeilen. Aus dieser Bewegungsrichtung können Sie die Wende mit einem Bogenschlag beenden, oder, wenn Ihnen die Kontrolle zu entgleiten scheint, mit einem Paddelhang.

Gebogene oder gerade Paddel?

Ein gebogenes Paddel ist effektiver als ein gerades, wenn Sie es mit der aktiven Blattseite nach außen verkeilen. Das angewinkelte Blatt paßt sich der Form des Rumpfes an. Andererseits ist es deutlich wirksam, wenn die aktive Blattseite nach innen gewandt ist. Daher muß man das Paddel für den *Wedge* unbedingt drehen.

Schlagkombinationen

Wedge
Der *Wedge* ist ein für fortgeschrittene Anfänger gedachtes Manöver ohne Stütze, das im Zahmwasser angewandt wird. Anders als schwierigere Schläge erfordert er kein Verbinden von verschiedenen Schlägen. Lassen Sie uns einige alltägliche miteinander kombinieren, um verschiedene anspruchsvolle Freistilmanöver auszuführen.

Christie (Abb. 28)
Als eine etwas schwierigere Version der Paddelstütze beim *Snap Turn* hat der *Christie* eine kritische Eigenart: das Rollen der Handfläche um den Paddelgriff herum, damit die entgegengesetzte Blattfläche zum Wasser zeigt. Dieses verbindet den tiefen Grundschlag vorwärts mit einem Bogenschlag rückwärts mit Paddelstütze. Dadurch ist immer die gleiche aktive Blattseite während der Drehung vorn, wodurch die Stütze stabilisiert wird. Außerdem setzt sich der Schwung fort und erlaubt einen weiteren Drehradius mit dem gleichen Krafteinsatz.

Vorgehen: Die Drehung beginnt mit einem tiefen Grundschlag vorwärts, wodurch das Kanu zum Paddel geneigt wird, während das Blatt unter dem Rumpf entlangführt wird (Abb. 28a). Es ist dabei wichtig, daß die obere Hand weiter außenbords ist als die untere, sonst verliert der Schlag seine Kraft. Sobald Sie beim Grundschlag vorwärts die Korrektur ausführen sowie den Daumen der oberen Hand nach außen und unten gedreht haben, den Griff etwas lockern und das Blatt nach außen drücken. Diese Bewegung des senkrechten Paddelblattes gibt dem Paddel genug Halt, damit die obere Hand sich 180 Grad um den Griff drehen kann (Abb. 28b). Dabei müssen Sie den Druck nach innen mit der oberen Hand durch den Daumen beibehalten, während der Zeige- und Mittelfinger, dann die restlichen Finger gleichzeitig mit dem Daumen um den Griff gleiten.

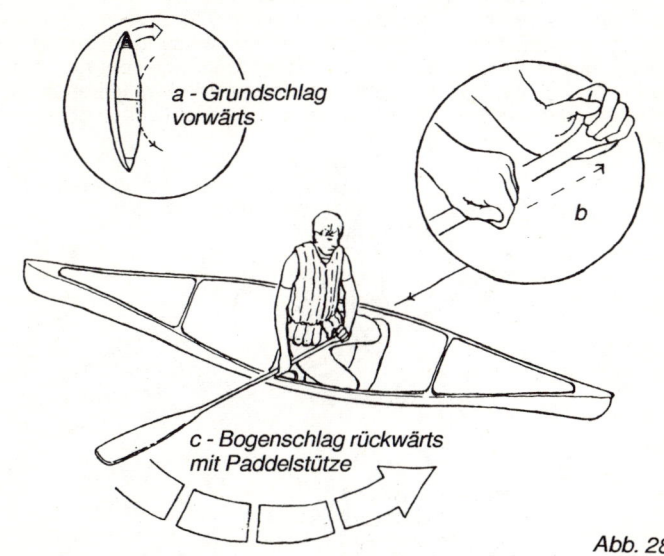

a - Grundschlag vorwärts

b

c - Bogenschlag rückwärts mit Paddelstütze

Abb. 28

Mit der gedrehten oberen Hand steuern Sie das Blatt in eine Paddelstütze, die mit den Knöcheln nach unten ausgeführt wird. Dabei einen sehr flachen Winkel ansetzen, um genügend Gegendruck zu haben, Blattvorderkante leicht angestellt, damit sie nicht abtaucht (Abb. 28c). Dieses Manöver stabilisiert das Boot ausreichend, um ein Kentern zu verhindern, selbst wenn das Dollbord schon fast unter Wasser ist.

Der *Christie* läßt sich gut mit einem geraden Paddel ausführen, aber er glänzt geradezu, wenn Sie ein 14 Grad gebogenes Paddel verwenden. Die Effektivität dieses Schlages wird durch den Gebrauch eines gebogenen Wanderpaddels mit großem Blatt noch erhöht. Wenn das Blatt flach auf dem Wasser liegt, können Sie das vordere Ende weiter anheben und bekommen dadurch mehr Schwung für die Drehung. Wie vergleichsweise wirkungslos wäre doch das gleiche Manöver mit der Rückseite eines gebogenen Paddels. Am besten probieren Sie es selbst aus!

Rückwärts-Kombination - Innendrehung (Abb. 29)
Der *Christie* an sich ist ein elegantes Manöver, doch verliert der Bogenschlag rückwärts mit Paddelstütze an Wirksamkeit, wenn er querab kommt, und das Boot einen Viertel Kreis vollendet hat. Also, was tun? Noch einmal die Handfläche um den Paddelgriff drehen und einen Paddelhang anschließen, bei dem die Knöchel nach oben zeigen.

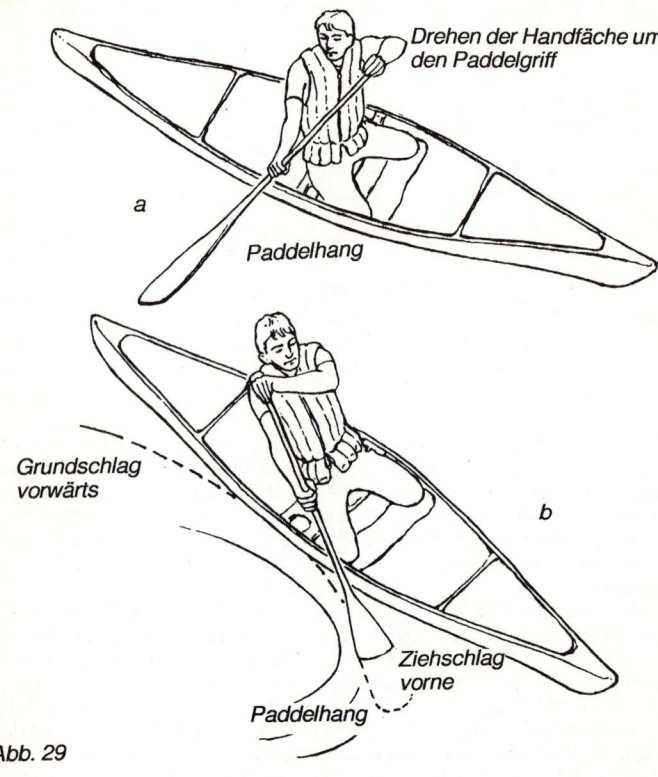

Drehen der Handfäche um den Paddelgriff

a

Paddelhang

Grundschlag vorwärts

b

Ziehschlag vorne

Paddelhang

Abb. 29

Vorgehen: Beginnen Sie, indem Sie die obere Hand in der Bogenschlag-rückwärts-Bewegung etwas anheben. Wenn das Blatt auf Höhe des Bootes ist, sollte sich die obere Hand ungefähr auf Halshöhe befinden und weiter nach oben lenken, während die untere Hand den Paddelschaft heranzieht.

Neigung beibehalten und den Paddelhang vorwärts so weit wie möglich ausführen (Abb. 29a), eventuell etwas vom Sitz aufstehen, um die Gewichtsverlagerung zu verstärken. Anschließend in einen Ziehschlag vorne und daraus in einen weiteren Grundschlag vorwärts übergehen, um die Drehung zu beenden (Abb. 29b).

Außerdem können Sie durch das Drehen der Handfläche um den Paddelgriff herum aus einem Grundschlag vorwärts einen weiteren *Christie* beginnen sowie daran einen Paddelhang anschließen und noch einmal herum, wobei Sie sich in den Sumpf drehen.

Dieses Manöver wird als Rückwärts-Kombination oder Innendrehung bezeichnet. Es eignet sich besonders gut, wenn Sie darauf angewiesen sind, eine Wende zu fahren und sich die ganze Zeit hindurch stützen möchten.

Es macht Spaß, dieses Manöver auf Seen zu üben, wo 180 Grad Wenden angebracht sind. Wenn die Kombination vorwärts beherrscht wird, mit dem Training für die Kombination rückwärts beginnen. Jetzt steht Ihnen eine Freude bevor! Aber das ist eine andere Geschichte und soll in einem anderen Buch erzählt werden.

Wandertouren im Einerkanu

Gelegentlich hört man die Auffassung, daß Einerkanus zu klein, zu langsam, zu zerbrechlich und nicht genügend seetüchtig seien für längere Touren in der Wildnis. Ein, zwei oder sogar drei Tage auf einem ruhigen Fluß oder eine Woche in der Natur sind in Ordnung, aber zwei Wochen auf einem reißenden Fluß in der kanadischen Einsamkeit? Das ist unmöglich!

Natürlich sind diese Sorgen berechtigt, denn das typische Einerkanu ist eben nur knapp 30 cm tief und gerade doppelt so breit. Es kommt hinzu, daß es eine relativ flache Kiellinie hat, einen minimalen *Rocker* und konkave und damit strömungsanfällige Enden. Alles Punkte, die ein perfektes Wildwasser-Unterseeboot ausmachen, selbst wenn es bis auf einen Fahrer mit Schwimmweste leer ist.

Platz für die Ausrüstung? Kaum! Einerkanus sind überdies viel zu windempfindlich, als daß Sie die Ausrüstung höher als die Bordwände aufstapeln könnten wie man es bei Zweiern ohne weiteres tut. Also müssen Sie kreativ sein: einen schmalen, abgeschrägten Rucksack vorn und achtern, ein, zwei kleine Packtaschen an den Traversen, mehr paßt nicht hinein. Aber Sie werden mit der Zeit lernen, sparsam zu packen.

Gepäck

Für Wanderungen unter zwei Wochen reicht ein Schmaler, mittelgroßer **Rucksack** von ca. 20 l Inhalt und ein kleinerer Nylon-Tagesrucksack. Für längere Ausflüge muß man einen weiteren kleinen Rucksack mitnehmen.

Schlafzeug, Kleidung, Zelt und Regenplane sollten in dem großen Gepäckstück untergebracht werden, das voll nicht mehr als 20 kg wiegen sollte. Den Rucksack, mit der Öffnungsseite nach unten, vorn oder achtern unter eine der Traversen schieben.

In dem kleineren Rucksack verstauen Sie Kochsachen und Lebensmittel, extra Pullover und Regenzeug, Handschuhe, Feuerutensilien und sonstige Kleinigkeiten - alles in allem nicht viel mehr als 10 kg. Unter dem Sitz können Sie noch eine kleinere Tasche für Becher, Sonnenbrille und Insektenmittel anbringen.

Der kleine Rucksack und das Joch (ca. 1,2 kg) werden im entgegengesetzen Fach des Kanus untergebracht. Jetzt können Sie das Boot trimmen, indem Sie die kleineren Sachen je nach Bedarf ein wenig nach vorn oder achtern schieben.

Damit die wasserdichte Verpackung des großen Rucksacks unterwegs nicht unnötig geöffnet werden muß, sollten Dinge wie Regenzeug, Mütze oder Pullover in dem kleinen Rucksack sein.

Umtragen der Ausrüstung

Gerade in dieser Situation hat sich das System, nur zwei Gepäckstücke mitzunehmen, bewährt.

Vorgehen
Zunächst die vordere Abdeckung aufrollen und hinter der Deckplatte aufreffen, dann das Joch anbringen.

Als erstes werden der große Rucksack, die beiden Paddel und die Kamera (ca. 22 kg) zur nächsten Einsetzstelle getragen, anschließend der kleine Rucksack und das Kanu (ca. 25 kg je nach Gewicht des Bootes).

Haben Sie, eventuell für längere Touren, einen weiteren kleinen Rucksack an Bord, wie folgt vorgehen: Den großen Rucksack und den leichteren der beiden kleinen zuerst hinüberbringen. Ich benutze meist eine extra Leine und transportiere den kleineren mühelos obenauf. Die von manchen empfohlene Methode, den kleinen Rucksack vor der Brust zu tragen, kann dann höchst gefährlich werden, wenn der Weg uneben ist, und Sie nicht genau sehen können, wo Sie hintreten.

Beim zweiten Gang tragen Sie den schwereren der beiden kleinen Rucksäcke und das Kanu. Die Last sollte jedoch auf keinen Fall mehr als ca. 27 kg betragen!

Schnellen

Wenn Sie vor sich Schaumkronen tanzen sehen, ist es höchste Zeit, den Spritzschutz festzuzurren und alles dichtzumachen. Ich hole dann mein langes, gerades Paddel heraus und schiebe das gebogene unter die Abdeckung und zwar ganz nach vorn bis sich das Blatt zwischen Plane und Deck verkeilt und so stramm unter der Plane sitzt, daß sich darauf kein Wasser sammeln kann. Notfalls kann ich das Paddel durch die elastische Öffnung der Abdeckung schnell herausziehen.

Ausrüstung

Fahren Sie gemeinsam mit Freunden, können Sie gemeinschaftlich benutzte Gegenstände wie Zelt, Kocher, Küchenutensilien, Axt und Säge natürlich gut auf die verschiedenen Boote verteilen. Wenn Sie allerdings allein unterwegs sind, müssen Sie auch alles selbst mitnehmen. Ich habe daher meine Ausrüstung auf ein Mindestmaß reduziert:

Die Stangen der meisten **Zelte** sind zu lang und passen nicht quer in einen normalen Rucksack, so daß man die Stangen in einem Nylonsack extra verpacken und an einer Traverse vertäuen muß, damit sie beim .i.Kentern; nicht abhanden kommen.

Auch ein seperates Kochzelt können Sie einsparen, indem Sie ein doppelwandiges Zelt umbauen. Dafür lösen Sie die Wetterplane vom Innenzelt an zwei Ecken und ersetzen die Verbindung durch Schnellverschlüsse oder Schnüre. Wenn es regnet, können Sie diese rasch lösen, das Innenzelt zur Seite schieben und auf dem Erdboden unter dem Oberzelt im Trockenen kochen.

Auf langen Solofahrten sortiere ich auch meine gute Handaxt, aber nicht meine stabile **Bügelsäge** aus. Um kleines Feuerholz zu machen, reicht ein stabiles Fahrtenmesser. Auch einen **Campingkocher** sollten Sie nicht vergessen. Als **Kochgeschirr** benötigen Sie einen ca. 2 ½ Tassen fassenden Teekessel aus Edelstahl und einen ein Liter Aluminumtopf mit Deckel, der gleichzeitig als Teller dient, außerdem einen Blechbecher, eine Iso-Kanne und einen Löffel - das reicht für eine Woche.

Stellen Sie sich vor, es kommt ein Gewitter auf, während Sie auf dem Wasser sind. Es beginnt in Strömen zu regnen, die Sicht ist gleich Null. Selbst unter der Abdeckung wird es ungemütlich. Außerdem ist es Mittag und der Magen knurrt. In dieser Situation können Sie genausogut an Land gehen, etwas essen und in Ruhe das Gewitter abwarten. Dazu eignet sich fast jede halbwegs flache Uferstelle. Als erstes machen Sie eine Seite der Abdeckung los und drehen das Boot um (Bug über einen niedrigen Ast schieben). Dann eine Seite der Abdeckung auf ein paar Stöcke oder auf die Paddel legen und schon haben Sie einen kleinen Regenschirm. Mit dem Rucksack als Rückenlehne können Sie nun erstmal den Campingkocher anheizen. Eine schöne heiße Suppe belebt die Geister bis der Sturm vorüber ist.

Pflege

Als mein Freund Bob Brown sich einmal meine drei makellos gepflegten Boote ansah, deutete er an, daß ich im Grunde meines Herzens ein Segler sei: "Kanus sollten ein paar Kampfspuren haben", sagte Bob, "das zeigt, daß man ein Kanute und kein Kanufahrer ist."

Falls Sie wie ich anderer Meinung sind als Bob, hier ein paar Tricks, wie Sie das Boot in gutem Zustand halten.

Oberfläche

Seitenteile aus geöltem Holz sind besser zu pflegen und haltbarer als lackierte. Also, Lack entfernen und mit einem Spezialöl einölen. Wenn man ein wenig Walnußbeize hinzufügt, bekommt das Holz einen schönen dunklen Glanz.

Um verwittertes Holz wiederherzustellen, müssen Sie zunächst alles gut abschleifen, dann mit TSP Abbeizer (Trisodium Phosphat, erhältlich im Haushaltswarenladen) behandeln. Mit einer harten Bürste arbeiten; dabei Handschuhe tragen! Gründlich abspülen, trocknen lassen, fein abschleifen. Zuletzt mit dem Spezialöl endbehandeln.

Sie sollten nach jedem Ausflug mit einem Öllappen einmal über die Seitenteile gehen. Überschüssige Flüssigkeit dabei mit einem sauberen Baumwollappen abnehmen. Einmal pro Saison sollte man die Holzoberflächen mit 400er Naßschmirgelpapier anschleifen und sorgfältig von Grund auf ölen. Das Holz erhält dadurch eine schöne Patina.

Rumpf

Ein handelsübliches Reinigungsmittel vom Fachhandel reicht aus, um Schmutzlinien und den Schmierfilm von dem Fiberglas abzuwaschen. Bohnerwachs verschönert und pflegt den Rumpf zwar, erhöht aber den Wasserwiderstand, da Wachs hydrophob ist.

Die meisten Außenhaut-Reparatur-Sets sind kompliziert in der Anwendung und man sieht die Ausbesserung in jedem Fall. Lieber Beulen mit Polyester-Füllharz ausbessern, mit 400er Naßschmirgelpapier glätten und mit farblich abgestimmtem DD-Lack besprühen. Zuletzt mit Fiberglas-Polierpaste die Übergänge verwischen. Die ganze Prozedur dauert kaum eine Stunde, und die Reparatur ist nicht zu sehen. Metallteile lösen sich mit der Zeit. Mindestens zweimal pro Saison müssen sie nachgezogen werden. Löcher im Holz, die entstehen, wenn Schrauben zu fest angezogen wurden, können mit farblosem Epoxy ausgefüllt und glattgeschmirgelt werden.

Qualitativ hochwertige Einerkanus sind dankbar für sorgfältige Pflege. Ein gutes Boot ist eine Investition mit der man pfleglich umgehen sollte, damit sie lange hält.

Lagerung

Das Kanu sollte umgedreht auf gepolsterten Böcken im Schatten gelagert werden. Wenn Sie es im Freien aufbewahren müssen, auf jeden Fall abdecken. Die Abdeckung sollte allerdings nicht auf dem Kanu aufliegen, weil dieses sonst möglicherweise rottet oder ausbleicht.

Unter dem Deck und dem Dollbord sammelt sich bei umgedrehten Holzkanus oft Wasser. Dort kann das Material verfaulen oder aufquellen. Daher werden manche Einerkanus auch ohne die geschlossenen Decks gebaut. Allerdings können Sie auch ein kleines Loch an der Spitze ins Oberschiff bohren, wo das Wasser dann ablaufen kann. Das Loch ist kaum zu sehen.

Glossar

Arbeitsseite	auch Paddelseite oder Zugseite; dort, sich wo das Paddel befindet
Ausschlingen	Ausfahren aus der Hauptströmung
Bilge	Kielraum, in dem sich das Leckwasser sammelt
Dollbord	oberer Rand der Seitenwand, Bootskante
Einschlingen	Einfahren in die Hauptströmung
Freibord	Höhe des Schiffskörpers über der Wasserlinie
Freistil	Figuren- und Manöverfahren; die Paddler knien dabei im Kanu und benutzen relativ gerade Paddel. Die Paddelseite wird dabei niemals gewechselt.
Gegenseite	(siehe Arbeitsseite) auch Druckseite; die dem Paddel gegenüberliegende Seite
Hut	Wechsel der Arbeitsseite
J-Schlag	auch Wildwasser-Steuerschlag; J-förmige Bewegung des Paddelblattes, durch die das Kanu geradeaus bewegt wird.
Kanten	Ankanten: in die Kurve lehnen
	Wegkanten: aus der Kurve lehnen
Kiel	Mittellinie des Bootes vom Bug zum Heck

NATT   *North American Touring Technique*, auch *Sit'n Switch*; beidseitiges Paddeln mit Seitenwechsel. Der Kanute sitzt in einem flachen Schalensitz. Er benutzt ein kurzes, gebogenes Paddel, das, um den Kurs zu halten, abwechselnd links und rechts eingetaucht wird.

Paddel   In Deutschland werden gerade Paddel eingesetzt, während für gewisse amerikanische Techniken Paddel mit einem Winkel von 2,5 bis 15 Grad zwischen Blatt und Schaft benutzt werden.

Rocker   nach oben zeigende Kurve der Kiellinie des Kanus

Tumblehome   Innenneigung der Seitenwand

Umiak   Boot der Eskimofrauen

Zahmwasser   stehende und langsam fließende Gewässer

Index

Wir ☞ über uns

Seit 10 Jahren erscheinen im Kieler Conrad Stein Verlag ReiseHandbücher: **rote**, die ein Land oder eine Gegend allgemein behandeln; **grüne**, die sich besonders den Wandermöglichkeiten in einer Region widmen; **weiße**, die ganz spezielle Reiseziele vorstellen (z.B. Libyen oder den Irak).

Gegründet wurde der Verlag, als der Schriftsetzer Conrad Stein nach einem vierjährigen Australien- und Neuseelandaufenthalt 1980 nach Kiel zurückkehrte. Das Buch der ersten Stunde war das **Australien-Handbuch** aus eigener Feder - gespickt mit Insidertips und konkreten Informationen, selbst erfahren und gesammelt vor Ort. Mittlerweile ist aus dem schon damals nicht schmächtigen Band ein mehr als 500 Seiten starker Wälzer geworden, der 1990 zum zehnjährigen Verlagsjubiläum in 10. Auflage erschienen ist.

Mit den Jahren erweiterte sich das Programm des Verlages: Titel über Neuseeland, Kanada, später die USA wurden hinzugenommen. Bücher über europäische Länder wie Türkei, Zypern, Kanarische Inseln, aber auch über Island und Spitzbergen folgten. In jüngerer Zeit begann man mit dem Aufbau einer Afrika-Reihe, in enger Zusammenarbeit mit dem Bradt-Verlag im Süden Englands, wo Stein'sche Reise-Handbücher jetzt auch in englischer Sprache erscheinen.

Immer mehr Autoren wandten und wenden sich an den Conrad Stein Verlag, der nicht standardisierte Massenware verkaufen, sondern Individuelles, auf persönliche Bedürfnisse Zugeschnittenes an 'Reisende auf eigene Faust' bringen will. Neben einschlägiger, mehrjähriger Reiseerfahrung setzt das vor allen Dingen ein Gespür dafür voraus, was brauchbar, was dem künftigen Leser in seiner konkreten Reisesituation von Nutzen sein wird, wo die oft aufwendige Recherche lohnt.

Wegweisende ReiseHandbücher aus Kiel

Rund 90 Titel zu Reisezielen in aller Welt sind inzwischen bei Conrad Stein erschienen, bald wird die Grenze der 100 Titel überschritten sein. - Reichlich Arbeit für das 12köpfige Kieler Team, das neben den rund 15 Neuerscheinungen jährlich auch die spätestens alle zwei Jahre fälligen Überarbeitungen und Neuauflagen der bereits erschienenen ReiseHandbücher redaktionell betreuen und druckfertig bearbeiten muß.

Doch die Stimmung in Kiel ist gut: Man freut sich darüber, daß der Verlag immer bekannter wird - bekannter für seine aktuellen, vom persönlichen Stil und den persönlichen Reiseerfahrungen der Autoren geprägten, authentischen ReiseHandbücher, die mit vielen Tips und Hinweisen **Reiseerlebnisse ohne Reibungsverluste** ermöglichen wollen. Und das nicht nur für kauzige Globetrotter: Von den bunten Bänden aus Kiel können alle profitieren, die darauf angewiesen sind, sich in fremden Landen selbst zurechtzufinden - sei es für einen programmfreien Nachmittag oder gleich für mehrere Wochen.

Wegweisende ReiseHandbücher aus Kiel

Conrad Stein Verlag

Andreas-Gayk-Str. 7-11 · D 2300 Kiel 1 · ☎ 0431/9 33 77

ReiseHandbücher

Ägypten-Handbuch / Haag	DM 29,80
Alaska-Handbuch / Richter	DM 22,00
Alle Wale der Welt / Hoyt	DM 24,80
Argentinien-Handbuch / Junghans	DM 24,80
Australien per Bahn / Taylor	DM 22,00
Australien-Handbuch / Stein	DM 29,80
Azoren-Handbuch / Jessel & von Bremen	DM 22,00
Brasilien-Handbuch / Junghans	DM 29,80
Chile-Handbuch / Junghans	DM 24,80
Ein Käfer fährt durch Afrika / Schöttler	DM 22,00
Fahr Rad um Kiel / Müller	DM 10,00
Finnland auf eigene Faust / Tegethof	DM 22,00
Florida a e Faust / Lindblad & Westby	DM 19,80
Fuerteventura-Handbuch / Reifenberger	DM 24,80
Galapagos-Handbuch / Stephenson	DM 19,80
Gomera-Handbuch / Insular	DM 24,80
Gotland-Handbuch / Bohn	DM 19,80
Gran Canaria-Handbuch / Reifenberger	DM 24,80
Griechenland-Wanderhandbuch / Dubin	DM 24,80
Indien per Bahn / Ellis	DM 24,80
Irland auf eigene Faust / Elvert	DM 22,00
Island-Handbuch / Richter	DM 24,80
Israel auf eigene Faust / Kautz	DM 19,80
Italien-Wanderhandbuch / Ardito	DM 22,00
Jugoslawien - Natur und Kultur / Letcher	DM 22,00
Kanada-Alaska Angeln & Kanu / Barth	DM 24,80
Kanada-Alaska-Highways / Richter	DM 24,80
Kanadas Westen / Stein & Richter	DM 24,80
Kanadische Nationalparks / Stephenson	DM 39,80
Kanarische Inseln a e Faust / Fründt	DM 22,00
Kanarische Wanderungen / Reifenberger	DM 22,00
Korsika auf eigene Faust / Richter	DM 24,80
Kreta auf eigene Faust / Amort & Annuß	DM 19,80
La Palma-Handbuch / Reifenberger	DM 19,80
Lanzarote-Handbuch / Reifenberger	DM 22,00
Madagaskar-Handbuch / Bradt	DM 26,80
Madeira-Handbuch / Jessel & von Bremen	DM 22,00

REISE ☞ HANDBÜCHER

Malawi / Hülsbömer & Belker	DM 22,00
Malta-Handbuch / Müller & Wöbcke	DM 19,80
Mauritius-Handbuch / Ellis	DM 22,00
Mexiko a e Faust / Fründt & Muxfeldt	DM 19,80
Nepal 1 - Trekkingrouten / Bezruchka	DM 24,80
Nepal 2 - Trekkinghandbuch / Bezruchka	DM 24,80
Neuseeland-Handbuch / Stein	DM 24,80
Ontario-Handbuch / Stein	DM 22,00
Peru - Inka Region Cuzco / Frost	DM 19,80
Phuket & Ko Samui / Bolik	DM 19,80
Portugal auf eigene Faust / Richter	DM 19,80
Prag / Aslan	DM 19,80
Rocky Mountains Nationalparks / Patton	DM 39,80
Spanien a e Faust / Fründt & Muxfeldt	DM 26,80
Spitzbergen-Handbuch / Umbreit	DM 19,80
Sri Lanka-Handbuch / Müller & Wöbcke	DM 24,80
Südschweden a e Faust / Bohn & Gehrke	DM 19,80
Südsee-Trauminsel / Neale	DM 19,80
Tausend Tips für Trotter, Tramper, Traveller	DM 22,00
Teneriffa-Handbuch / Reifenberger	DM 22,00
Thailands Süden / Bolik & Jantawat-Bolik	DM 22,00
Transsib / Strauss	DM 19,80
Tschechoslowakei a e Faust / Hayman	DM 26,80
Türkei a e Faust / Wilde & Heller	DM 22,00
Ungarn a e Faust / Ohlberg & Jochimsen	DM 22,00
USA - Der Nordwesten / Richter	DM 24,80
USA - Der Südwesten / Richter	DM 24,80
Venezuela auf eigene Faust / Travelot	DM 26,80
Vereinigte Arabische Emirate / Röhl	DM 19,80
Vietnam-Handbuch / Jones	DM 24,80
Wandern in Australien / Thomas	DM 22,00
Wandern in den Kanadischen Rockies 1	DM 19,80
Wandern in den Kanadischen Rockies 2	DM 24,80
Wandern um Kiel / Müller	DM 5,00
Wüsten-Survival / Nelson	DM 12,80
Zaire-Handbuch / Mang	DM 19,80
Zypern auf eigene Faust / Grandt	DM 24,80

Informationen aus erster Hand